私たちの月経カップ

より快適な新しい時代の生理用品

神林美帆 著
宋 美玄 監修

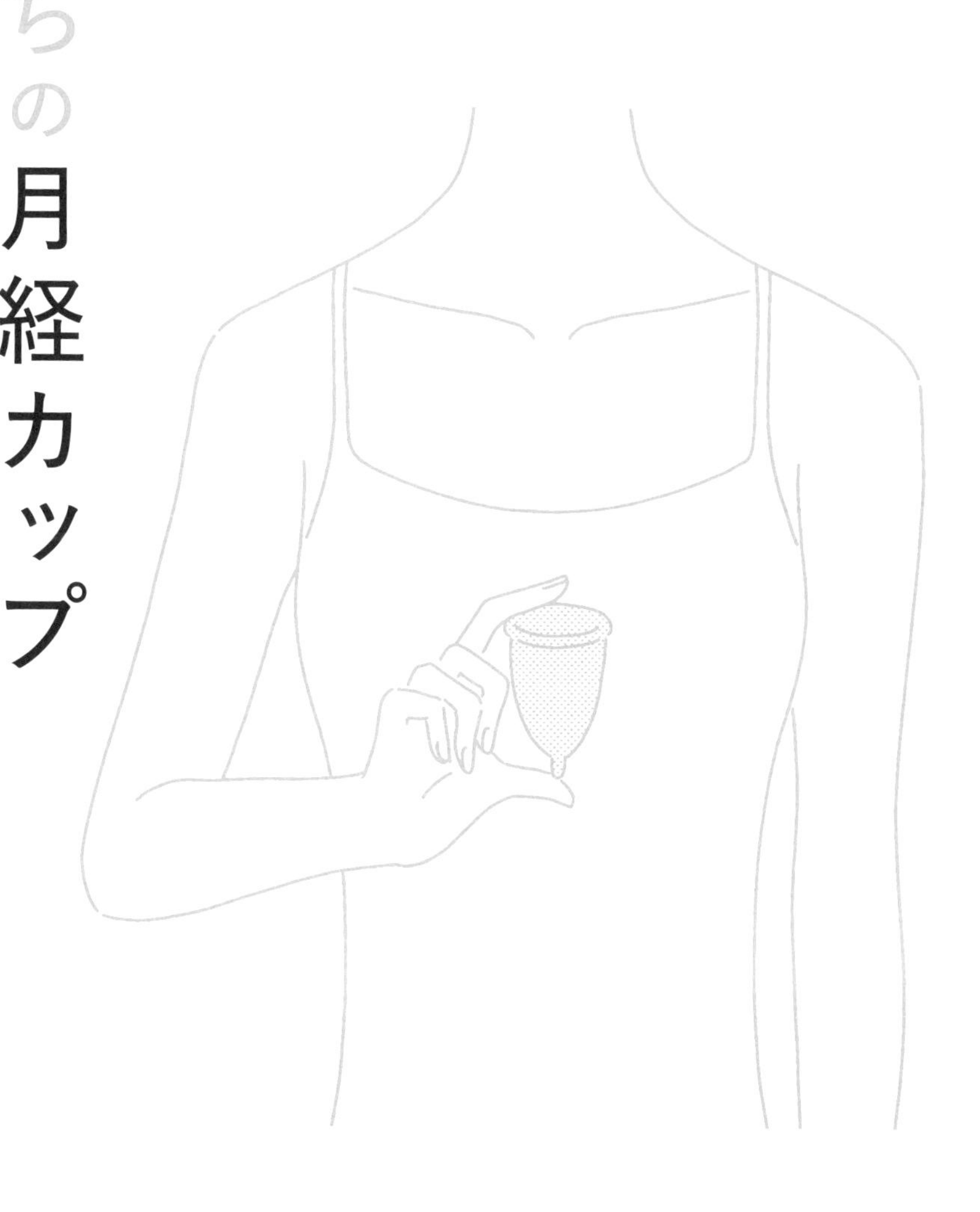

現代書林

Prologue

あなたの人生をガラリと変える「月経カップ」

毎月やってくる生理。モレが気になる、トイレにこまめに立てない、ムレやかゆみがつらいなど、小さな不快感や悩みを持ちつつも、なんとなく我慢している――。

女性の身体にとって必要で大切な仕組みではあるけれど、「面倒だな」と感じることも多いのではないでしょうか。

では、思い切って生理用品を変えることで、そうした悩みや不快感が解消されるとしたらどうでしょう。気になりませんか？

本書は新しい時代の生理用品「月経カップ」についてご紹介します。月経カップとの出会いが、あなたの生理期間を、さらにはあなたの人生をガラリと変えるかもしれません。

生理のケア方法は新しいフェーズ、新しい時代に入っています。より快適に過ごすために、そして自分をいたわるために、知識や価値観をアップデートしていきましょう。

まずは、生理について私たちがどんな悩みや不満を抱えているか、次の質問に答えてみてください。

あなたが使っている生理用品は快適ですか？

ほとんどの方が、ナプキンやタンポンを使っていますよね。それぞれ生理のときの必需品ではあるものの、ナプキンは「ムレ、かぶれ、かゆみが不快」「ニオイが気になる」、タンポンは「結局ナプキンを併用しないといけない」「トイレのときにひもが不衛生」などの不満を感じている方も多いのではないでしょうか。

また、ナプキンにもタンポンにも共通している悩みが「モレが心配」ということ。モレを気にしながら1日を過ごすのは、そわそわして落ち着かないですよね。生理中は集中力が落ちたり、睡眠が浅くなると感じる方も多いと思います。

経血が漏れてしまった経験はありますか？

　忙しくてトイレに行けず、気づいたときには漏れていて下着を汚してしまったり、経血量の多い日は寝ている間に漏れていて朝起きたらシーツまで赤く染まっていたり……。これも多くの方が経験していることではないでしょうか。

「思いがけず仕事が長引いて、途中でトイレに行くこともできず、経血が漏れて洋服だけでなく椅子にまでついてしまった」というような失敗談も聞きます。なかには、あわてて洋服や下着を買って着替えたというケースも……。多くの方にとって「モレ」は生理の大きな悩みの種といえるでしょう。

生理用品が海洋汚染の原因になっているのを知っていますか？

地球規模で大きな問題となっているプラスチックごみ。環境省のデータによると、世界では年間で約８００万トンものプラスチックがごみとして海に流れ込んでいるとされています。

大量のプラスチックごみは海を汚染し、海洋生物を苦しめ、生態系を崩してしまいます。生き物を絶滅させたり、魚を食べる私たちの体内にも取り込まれ、健康被害を与えたりする可能性があります。

生理用品も無関係ではありません。欧州委員会が行った海洋プラスチック汚染調査では、海に捨てられるプラスチックの第5位が生理用品というデータもあります。紙ナプキンというものの、包装紙や吸収体ポリマーなどにも多くのプラスチックが使われています。タンポンのアプリケーター（吸収体を体内に導入するための筒）も、もちろんプラスチックです。

月経カップを知っていますか？

ナプキン、タンポンに続く「第三の生理用品」として、今、世界的に急速に普及し始めています。英語では「Menstrual Cup」といいます。

折りたたんで腟内に挿入すると、中でカップが開き、そこに経血が溜まる仕組みです。正しく装着できれば、カップがピッタリと腟の壁に密着するため、漏れる心配はありません。医療用シリコーンなど、身体への安全性が立証された素材で作られており、洗って繰り返し使えます。

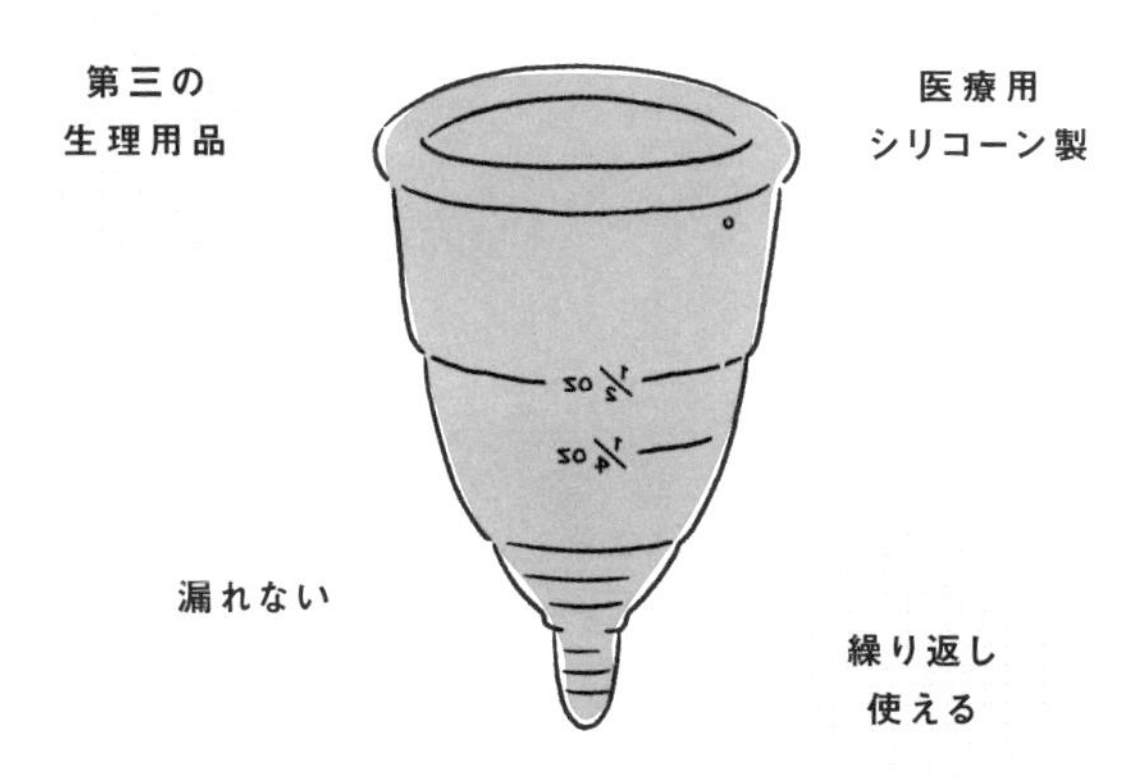

1回の生理でどのぐらいの出血量があるか、知っていますか？

日本産科婦人科学会の定義では、1回の生理期間での正常な経血量は20～140ミリリットルほどとされています。

しかし、自分の経血量がどのくらいなのか、多いのか少ないのか、測ることも他の人と比べることもできないので、あまりピンときませんよね。

経血量を知ることは健康管理のバロメーターとなります。ナプキンやタンポンでは正確な経血量を知ることはできませんが、月経カップならひと目で確認できます。

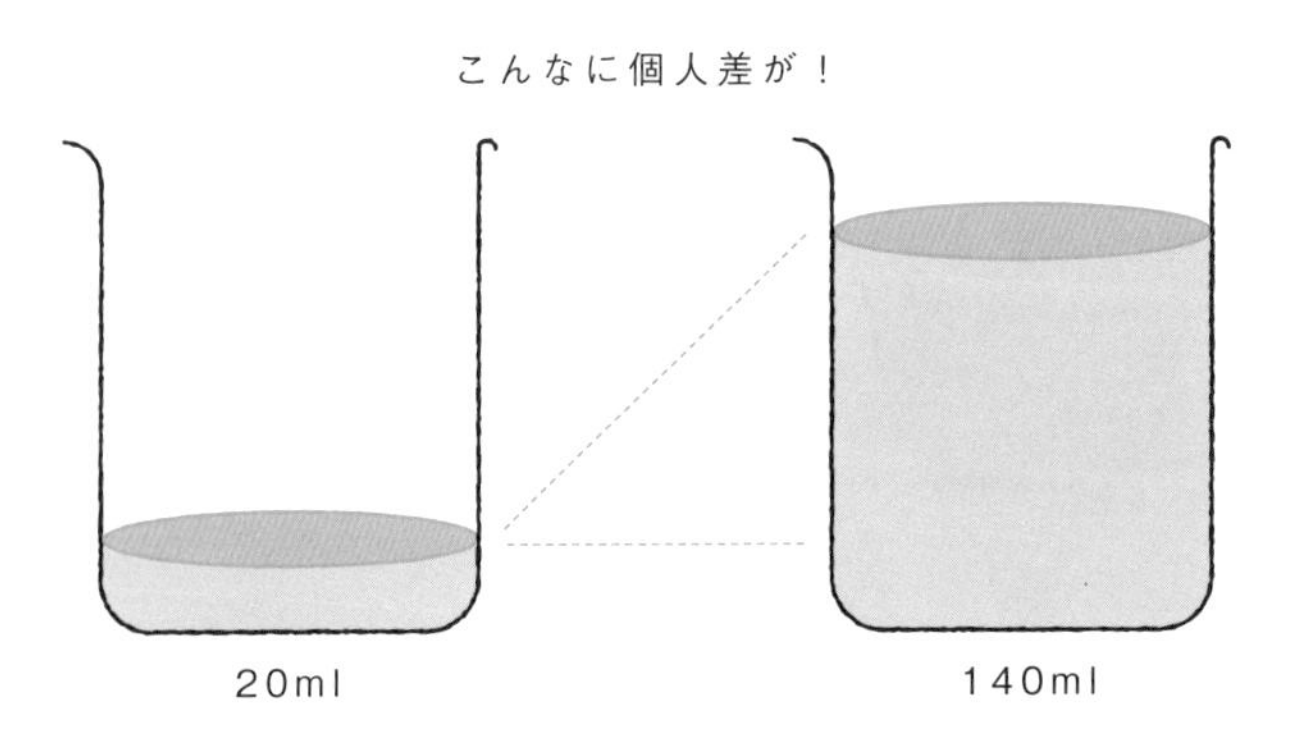

一生涯で生理用品にかける費用はどのぐらいか、考えたことはありますか？

マイナビウーマンが行ったウェブアンケートで、毎月の生理用品の購入にかかる金額についてもっとも回答者数が多かった価格帯は、500~1000円でした。平均値の750円で計算すると、生涯にかかる費用の合計は約34万2000円となります。

これにサニタリーショーツや生理痛の痛み止めの薬などを加えれば、実際はもう少しかかってしまいます。

1回あたりの支払いはそれほど大きくないですが、まとめて計算すると結構な金額になりますね。

いかがでしたか？　あなたはどれくらい答えられたでしょうか？　生理は毎月くる当たり前の存在になっていて、生理用品そのものについて立ち止まって考えることはなかったのではないでしょうか？

実は私も、つい最近まで、生理に伴う不快感や面倒を当たり前のように受け入れてきました。月経カップを使い始めて、今まで当たり前ととらえていた、生理中のたくさんの小さな不安や悩みから解放されたことで、実は無意識のうちにストレスを感じていたことに気がつきました。生理による不快感が軽減したことで、生理中も普段の自分と変わらない生活を送れるようになりました。

月経カップデビューをしている方は続々と増えています。いち早く月経カップを取り入れた方の声を紹介しましょう。

✤経血のモレにいつも振り回されていたけれど、月経カップにしたら心配ゼロ！　生理中であることを忘れてしまいます

✤生理のたびにナプキンかぶれに悩んでいたけれど、月経カップにしたらすっかりよくなりました！

✤生理用品の交換のためにトイレに行く回数が激減！　仕事中に何度も席を立つのはとても気が引けることだったけど、月経カップを使ってからはその必要がなくなりました
✤外出先のトイレで、長蛇の列に並ぶ回数が減りました
✤以前はかさばるナプキンやタンポンを持ち歩いていたから、生理中はバッグがパンパン。でも月経カップにしてからは生理中も小さなバッグで外出ＯＫです！
✤旅行やライブなどがあると生理とかぶらないかと心配だったけど、月経カップなら生理を気にしないで予定が組めるように！
✤生理中の活動をセーブしなくていい！　プールや温泉も楽しんでいます

月経カップを使われた方々は、口をそろえて「憂鬱だった生理から解放され、新しい扉を開いた気分」とおっしゃいます。

特に、ナプキンかぶれや経血のモレに悩んでいた方、忙しく仕事をしている方、子育て中のママたちから「月経カップによって人生が変わった」という感動の声をたくさんいただいています。

ヨガ、サーフィン、水泳、ランニング、サイクリングなどスポーツをする方や、ハイキングやキャンプなどアウトドアを楽しむ方の中にも、月経カップを使い始める方が増えて

います。

　このように、生理ケアの方法を変えるだけで、生理はおどろくほど快適になるのです。近年のフェムテック（FemTech=Female×Technology：女性の健康課題をテクノロジーで解決するために作られた製品やサービス）の盛り上がりとともに、かつてはナプキンとタンポンくらいしか選択肢がなかった生理用品が大きく進化を遂げています。

　月経カップの特徴は、長時間（最長12時間、ブランドや国によって異なります）使用が可能なこと。きちんと装着できれば漏れることがなく、取り換えの面倒さがありません。いつもと同じように過ごせることが大きなメリットです。


　月経カップは日本ではまだ黎明期で、残念ながらネット上には間違った情報も見られ、必要な情報が不足していると感じています。そこで、「これから使ってみようかな」と思っている方が、安心してワクワクした気持ちで月経カップデビューできるように、私自身が月経カップを初めて使うときに知っておきたかったことをまとめました。

　この本では月経カップの構造や詳しい使い方の解説、使っている方々の生の声、月経カップを使うために知っておきたい身体の仕組みや、生理についての知識をご紹介していきます。

この本があなたの悩みに寄り添い、生理の不快や不便が少しでも解消されるお手伝いができればとてもうれしく思います。
あなたの「ちょっぴり憂鬱な一週間」が、「快適で心地よい一週間」に変わりますように……。

2020年12月

月経カップアドバイザー　神林美帆

目次

Chapter 1
「月経カップ」で憂鬱な一週間を快適に

Contents

Chapter 2 知っているようで知らない生理と女性の身体のこと

Chapter 3

私たちのウェルビーイングな「月経カップライフ」

Contents

Chapter

1

「月経カップ」で憂鬱な一週間を快適に

月経カップってどんな生理用品？

「月経カップ」は、タンポンと同様に挿入型の生理用品で、腟に装着したカップに経血を溜めて使用します。最長12時間使用できるので（ブランドや国によって異なります）、生理用品の交換のために何度もトイレに行く必要がありません。

使い捨てのナプキンやタンポンと違って、洗って繰り返し使えるためごみが出ないことから、経済的で地球環境にもやさしいアイテムとしても注目されています。

この章では、月経カップについて詳しく解説していきます。どんな構造をしていて、なぜ漏れないのか。どんな素材が使われていて、安全性はどうなのか。使う前に知っておきたいことをすべて盛り込みました。

さらに、生理をサポートしてくれるアイテム「吸収型サニタリーショーツ」もご紹介します。

月経カップの構造

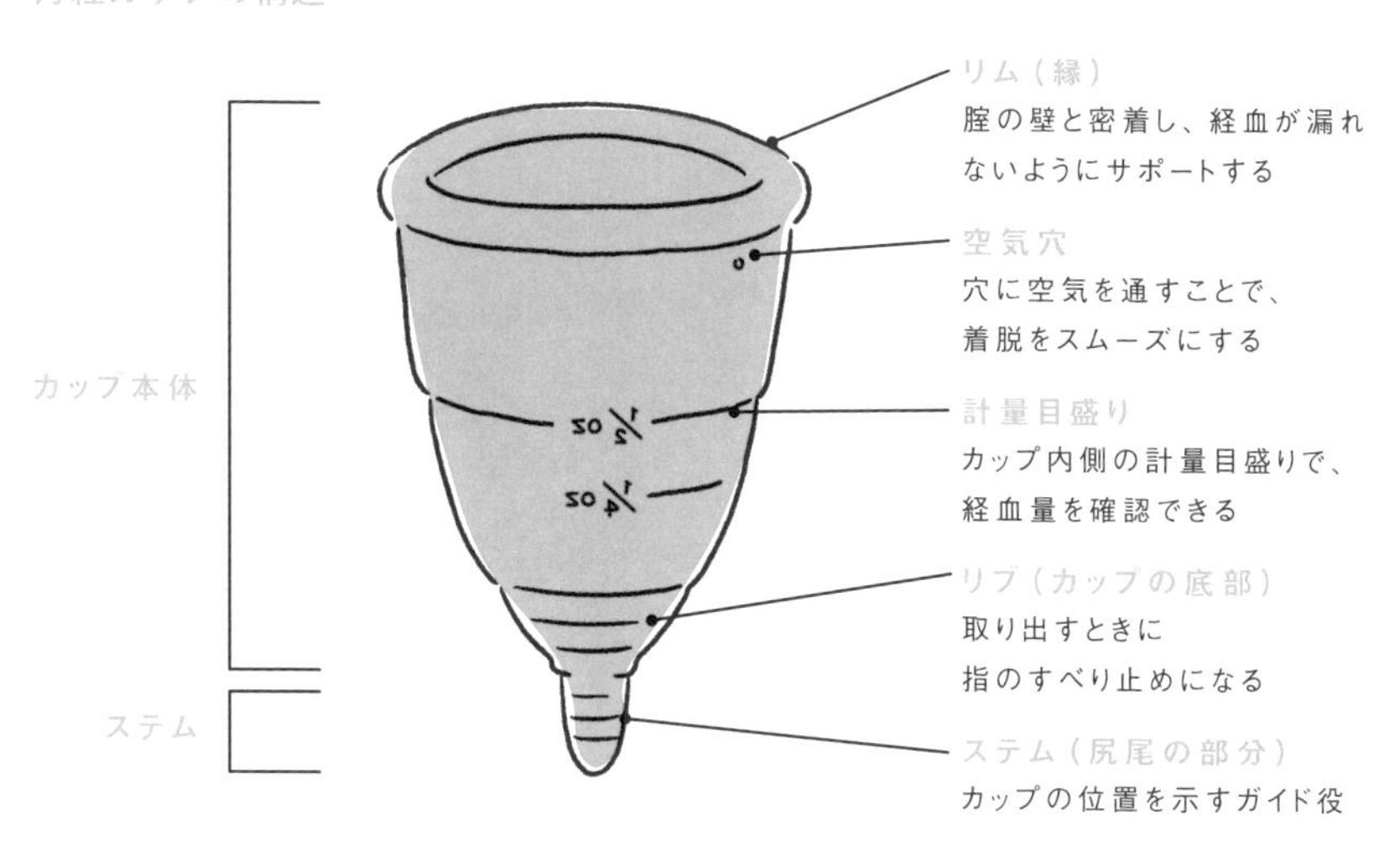

まずは月経カップの構造を知ろう

月経カップの形状は各ブランドによって少しずつ違いますが、月経カップは基本的には鈴のような形をしたカップ本体の部分と、ステム（尻尾の部分）で構成されています。カップを構成する各部位には、カップを快適に使うための大事な役割があります。

では、一つひとつ見ていきましょう。

✤**リム（縁）**…カップの上部の一番広くなった縁の部分。カップに溜まった経血を漏らさないように、カップと膣壁を密着させる重要な役割があります。リムが膣壁とぴったりと密着し続けるためには、膣の形に合わせて動く柔軟性とともに、膣の筋肉の力に負けてつぶれない適度なかたさが求められます。そのため、リムはカップ本体より厚めに作られ、程よい柔軟性と弾力性が必要なのです。

✤**空気穴**…リムの下あたりにあるよく見ないとわからないぐらい小さな穴です。カップの挿入や取り出しのときに、この空気穴からカップの中に空気を通過させる役割があります。それによって、カップと膣壁を密着させたり、密着を解除したりしやすくなります。

✤**計量目盛り**…本体の内側に目盛りがついているカップもあります。これにより溜まった経血量を確認できます。自分の経血量を知ることで健康管理に役立ちます。

✤**リブ（カップの底部）**…溝のある部分です。取り出すときの指のすべり止めとなる役割があります。

✤**ステム（尻尾の部分）**…挿入や取り出しのときにカップがどこにあるか教えてくれるガイド役です。ステムの形状は月経カップによってさまざまです。なかには、ボール状になっていたり、リング型になっていたりするものもあります。

Column

月経カップの歴史は意外と長い！

月経カップは、今話題のフェムテックのひとつとして注目され、ごく最近のものというイメージがあるかもしれませんが、実は、すでに１９３０年代にアメリカで発明されていました。１９３７年には、アメリカのレオナ・カルマーズ(Leona W. Chalmers)という女性が初めて商業的に販売を開始し、特許も取得しています。当時の月経カップは、かたいゴム製でしたが、私がおどろいたことは、今からおよそ80年前の月経カップのデザインが、現在のカップのデザインとほぼ同じことです。

残念ながら、第二次世界大戦中にゴム不足が発生し、生産が困難になったことに加え、使い捨てナプキンやタンポンが普及したことで、月経カップは徐々に消えてしまったそうです。

その後、21世紀初めに、素材の進化によって生まれたのが、医療用シリコーン製の月経カップです。かたくて使いにくかったゴム製のデメリットを払拭した医療用シリコーン製のカップは、耐久性と安全性、また素材のやわらかさから多くの女性に受け入れられ、欧米を中心に多くのブランドが販売されるようになりました。世紀を超えた素材の進化によって生まれた月経カップは今、急速に世界に広まりつつあります。

トライする前の心構えと準備

初めて手にする月経カップ。特徴をよく理解しないままに使おうとしてもなかなかうまくいきません。まずはその特徴を知り、感覚をつかむことが大事です。

子どものころ、初めて自転車に乗ったときのことを覚えていますか？「その日のうちに、スイスイと乗れた」という方はどれくらいいらっしゃるでしょうか？　多くの方は、まずは自分の足で地面を蹴って前に進んでみたり、バランス感覚をつかむことからスタートしたのではないでしょうか。

月経カップもそれと同じです。まずはたくさん触れ合い、私たちが月経カップに「なじむ」ことが大事です。

月経カップの感覚をつかむ

箱を開けて月経カップを取り出したら、まずはカップをたくさん触ってみましょう。どこまで小さく折りたためるのか試してみたり、折りたたんだあとに指をパッと離し、カップが開く弾力を確かめたり、ステム（尻尾の部分）を軽く引っ張ってみたり、できる限り、

いろいろな角度からカップを観察してください。

月経カップはブランドごとにそれぞれ個性があるので、これから自分の相棒となるカップをとにかく隅々まで見てください。手のひらや指先の感覚でもカップの特徴や性質を感じてみましょう。

たくさんカップに触れているうちに、折りたたんだカップを保持する指の力や、カップをコントロールする指の使い方などが自然に身につき、実際に使うときにそのイメージが役に立ちますよ。

Cフォールド

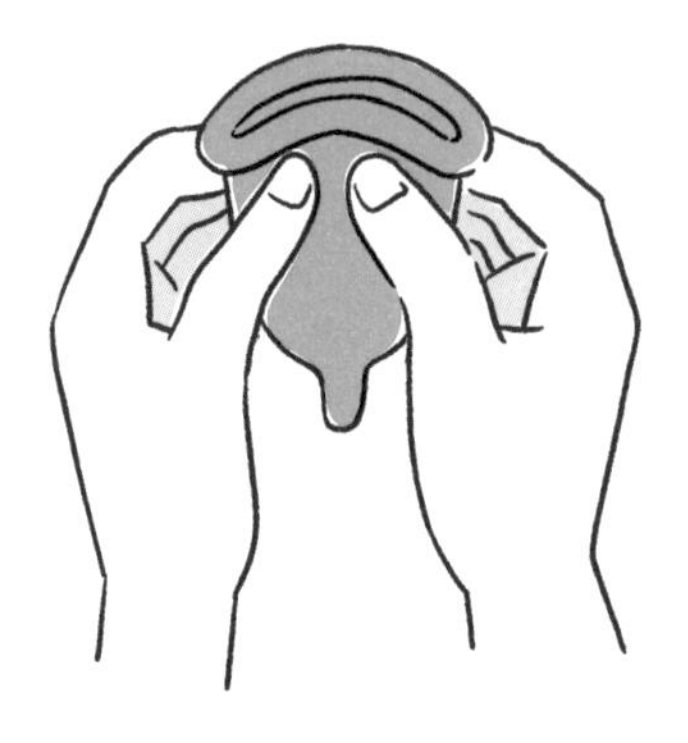

❶月経カップが平らになるように押す

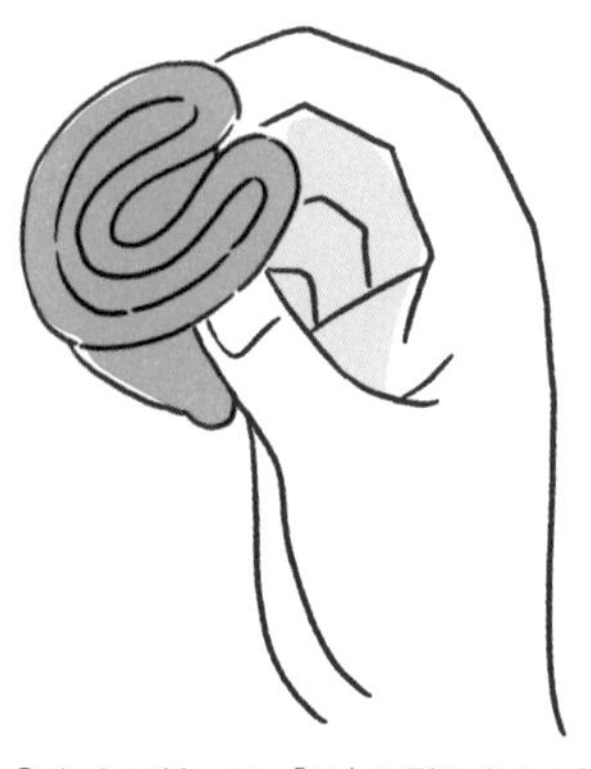

❷半分に折って、「C」の形になるようにする

折りたたみ方を練習しよう

月経カップは小さく折りたたんで挿入します。折りたたみ方は、「Cフォールド」「セブンフォールド」「パンチダウンフォールド（別名：プッシュダウンフォールド）」の主に3つがあります。

まずは、カップを挿入する前にそれぞれの折りたたみ方を練習してみましょう。

挿入・取り出しをイメージする

次はイメージトレーニングです。月経カップを不安に感じる最大の原因は、カップを装着する膣の中が見えないから。そのため、カップを挿入する前に、膣の外で行う「イメトレ」がとても大事です。なぜなら、どんなことでも練習でできなかったことが、

月経カップの折りたたみ方

セブンフォールド

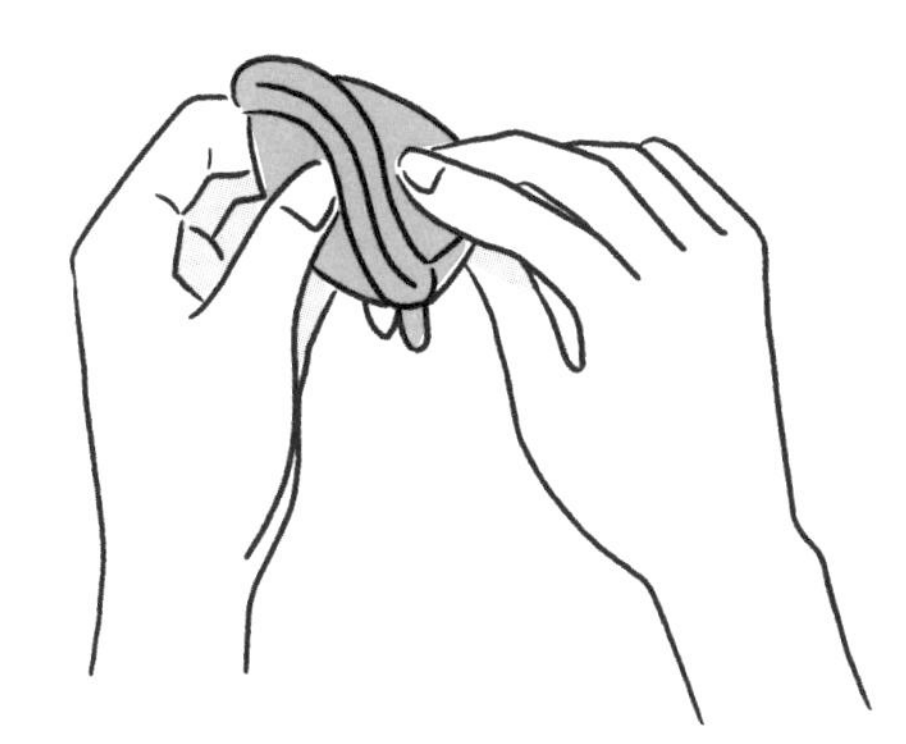

❶月経カップを平らにして片側を斜めに折る

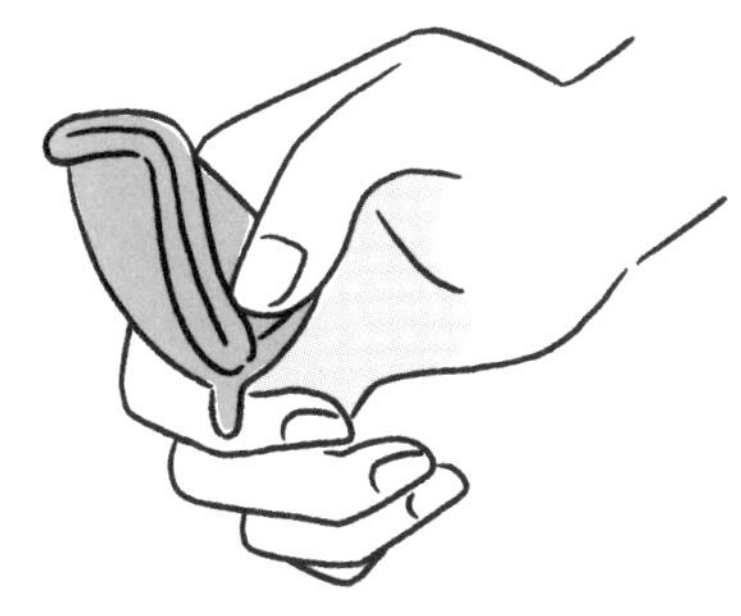

❷「7」の形になるようにする

パンチダウンフォールド（別名：プッシュダウンフォールド）

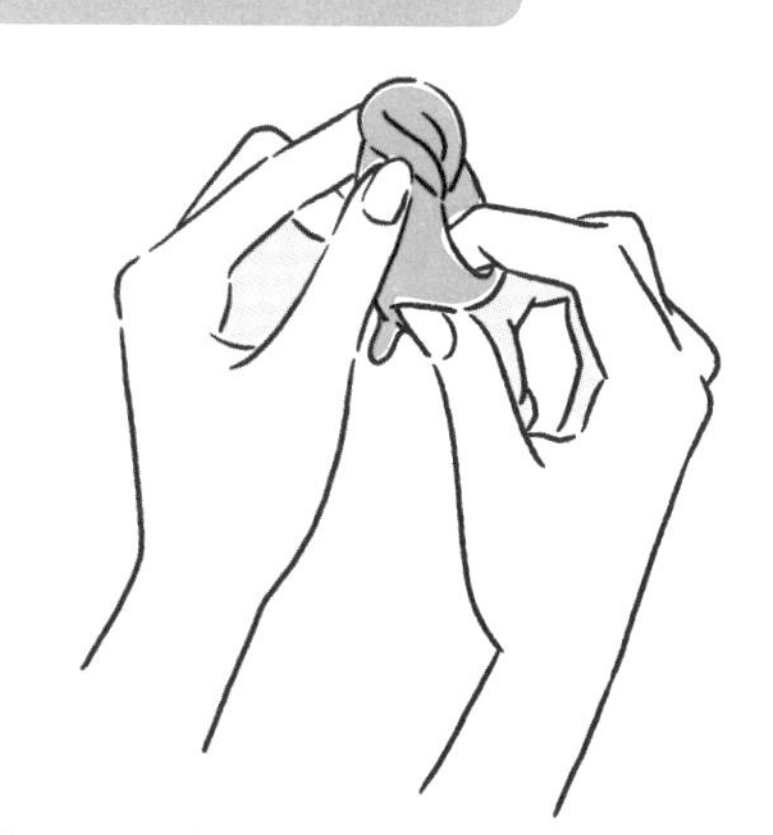

❶月経カップのリム（縁）を内側に押し込む

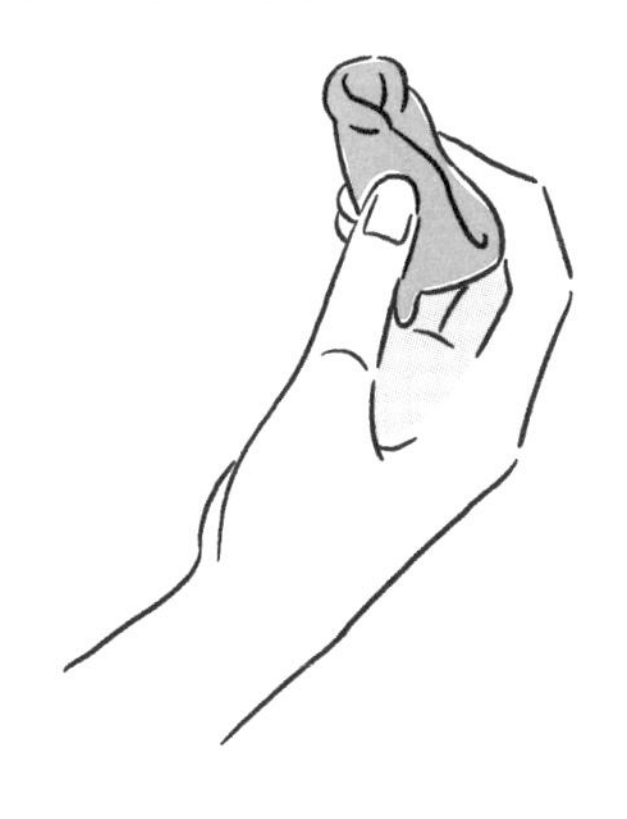

❷利き手で持ち、この形を保持する

月経カップのイメージトレーニング

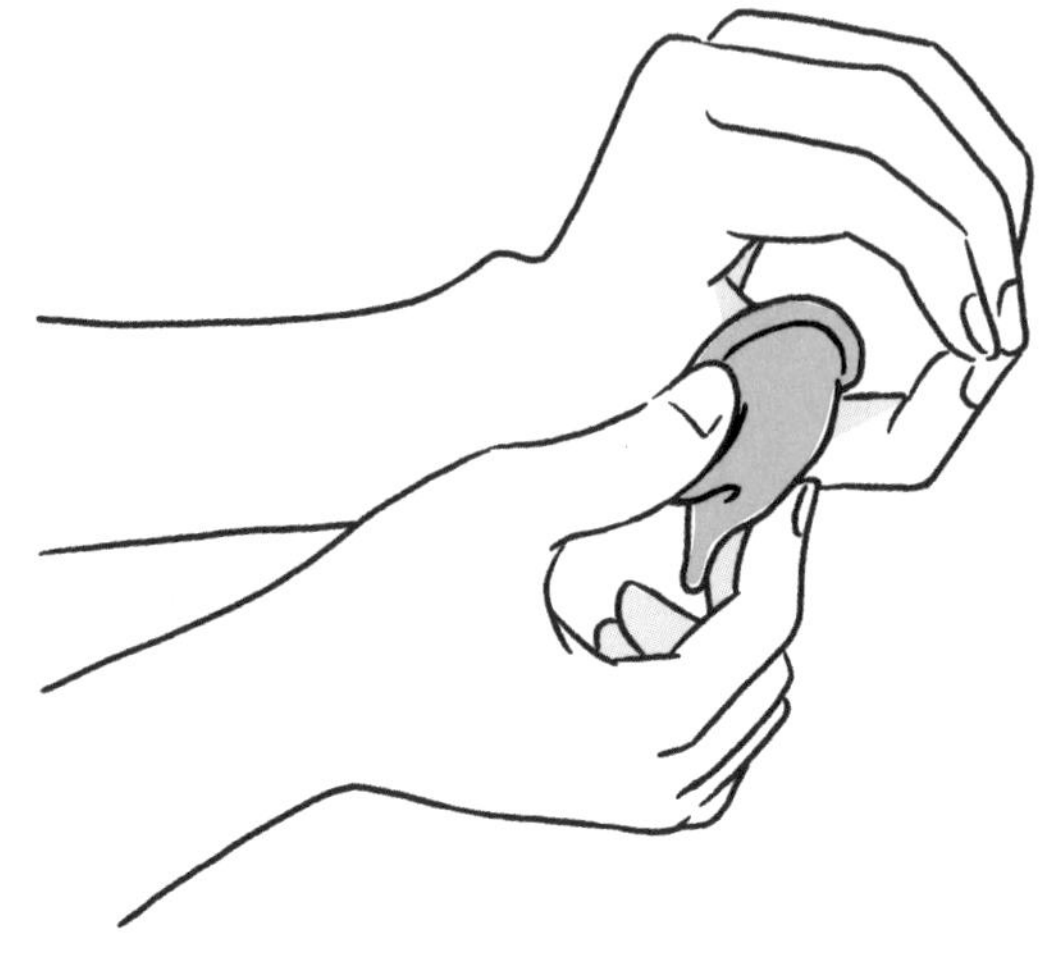

＊利き手と反対の手で筒状の輪を作り、折りたたんだカップを挿入してみましょう。

本番で突然できるようにならないように、腟の外でできないことは、腟の中でもできないからです。

まずはカップを折りたたみます。折りたたんだカップを手に持ち、もう一方の手を「腟」に見立てて挿入してみます。入れたら指を離し、カップを開かせます。このとき、カップが「ポン！」と開く感触を肌で覚えておきましょう。

月経カップの使い方

では、月経カップの使い方を見ていきましょう。「挿入」と「取り出し」に分けて順番に説明します。

月経カップを挿入してみよう

- □まずは手を洗いましょう。
- □便座に腰掛けて、足を肩幅くらいに開きます（お風呂で、片足をバスタブに乗せた姿勢で行ってもOK）。
- □ゆっくり息を吐いて身体の力を抜いてリラックスしましょう♪
- □月経カップを折りたたみます。
- □親指、人差し指、中指で折りたたんだ形をキープ！
- □カップをゆっくりと尾てい骨の方向へ斜めに入れます。
- □指の第1〜第2関節くらいまで入れたら、指を離します（カップの装着位置は、指でステムの先端が触れるくらいのところです）。

□カップが膣内で完全に開いているか確認します。次のいずれかの方法で確認できます。
・カップの底や側面を指でさわって、カップにへこみがない
・ステムを軽く引っ張っても動かない
□カップにへこみがある場合は、左記の方法を試して、カップを開かせましょう。
・カップの根元をつまんで小刻みに上下左右に動かす
・カップの底部の数カ所をペコペコ押す
・カップの底部をつまんで軽く回転させる
□カップがうまく開かなかったり、違和感がある場合は、一度カップを取り出して、再び挿入してみましょう。

カップをスムーズに開かせる「裏技」

✣カップを回転させながら入れる
✣折りたたんだカップの折り目を下に向けて入れる
✣カップを挿入したあとに、前屈やスクワットをする

月経カップの挿入

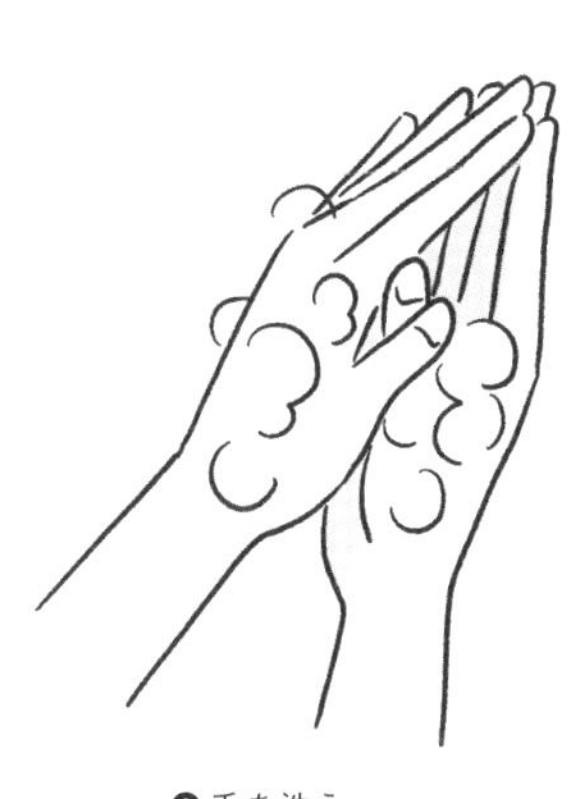

❶手を洗う

❷息を吐いてリラックス

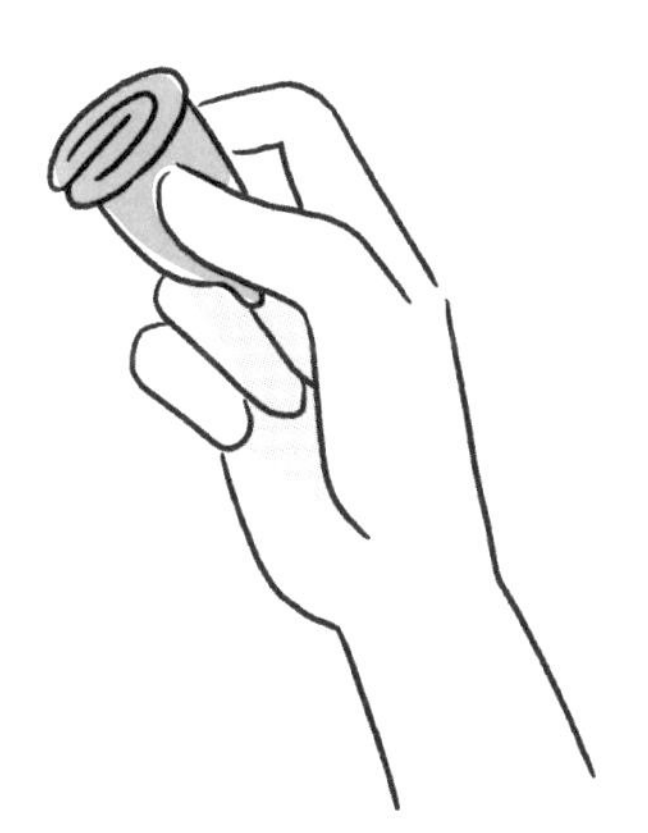

❸月経カップを折りたたむ

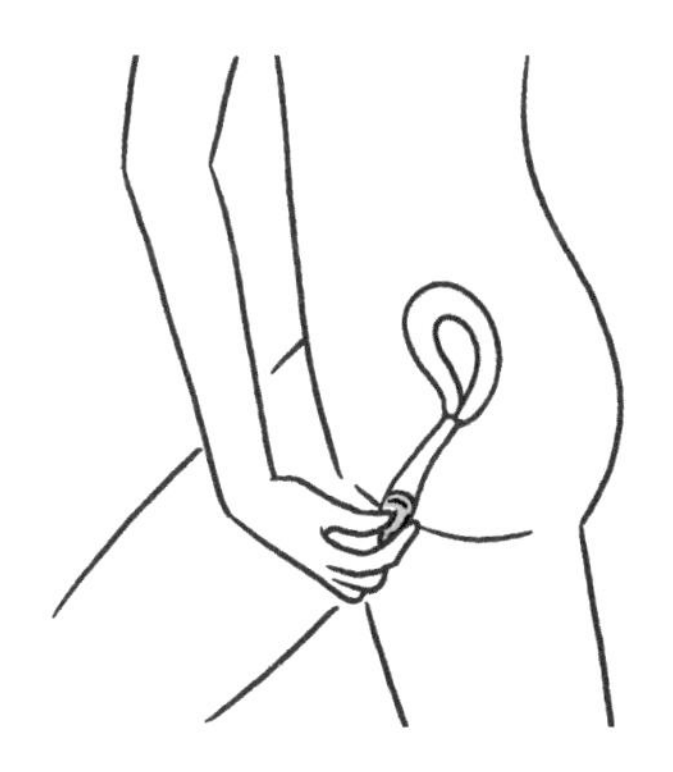

❹月経カップを腟に挿入し、完全に
開いているかどうか確認する

月経カップの取り出し

□まずは手を洗いましょう。
□便座に腰掛けて、足を肩幅くらいに開きます（お風呂では、片足をバスタブに乗せた姿勢もあります）。
□ゆっくり息を吐きながら身体の力を抜いて、リラックスしましょう♪
□お腹に力を入れて、排便のようにいきんでカップを押し出します。
□指を膣口で待機させ、指先にステムが触れるまで何度かいきみます。
□指先がステムに触れたら、ステムをたどってカップの底部まで指を移動させます。
□カップの底部をつまんで空気を抜いて、カップと膣壁との密着を解除！
・密着を解除しないままステムを強く引っ張ると、痛みが生じたりステムが切れやすくなることがある。ステムはカップの底部をつまむためのサポート役であり、引っ張って取り出すためのものではないため、強く引っ張らない
・爪が長い人は、膣壁を傷つけないように注意
□カップ本体を指で折りたたんだまま、膣の向きに沿って斜め前の方向へゆっくりと引き出します。
・取り出しの途中でカップが開いてしまうと、リム（縁）が膣口に引っかかって痛みを

感じることがある。カップ全体が外に出てくるまで、指先に力を込めてギュッとつまみ、離さないようにする

□溜まった経血を便器または排水溝に捨てます。

・取り出したときにカップに溜まった経血が便器にこぼれることが気になるかもしれないが、まずは、痛みなくスムーズにカップを取り出すことを優先。取り出しに慣れたら、こぼさずに正確な経血量を確認できるようになる

□カップを水で洗い、再挿入しましょう。

・月経カップを取り出し経血を捨て、カップをきれいにして、再挿入することを「リセット」という

カップをスムーズに取り出す「裏技」

- 寝ている間にカップが上の方に移動しているときは、朝の準備や家事をして動きながら、カップが重力で下りてくるのを待つ
- 取り出す前に「ふぅ〜」と声を出しながら息を吐いてリラックスする
- 親指を人差し指と中指の間に入れて、カップ本体をUの字にへこませて引き出す

月経カップの取り出し

❶手を洗う

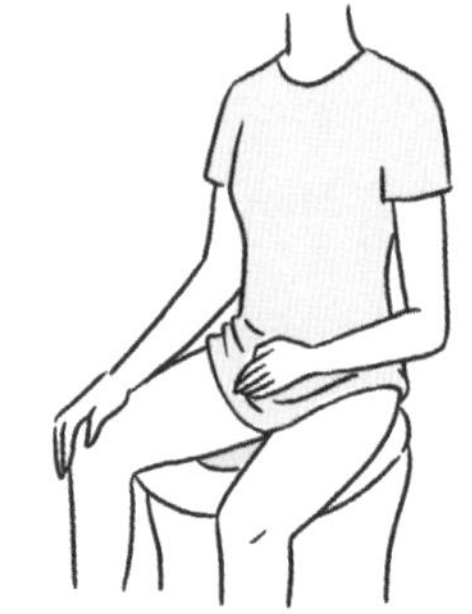

❷お腹に力を入れるようにしていきむ

❸指先がステムに触れたらカップの底をつまんで、
膣壁との密着を解除して取り出す

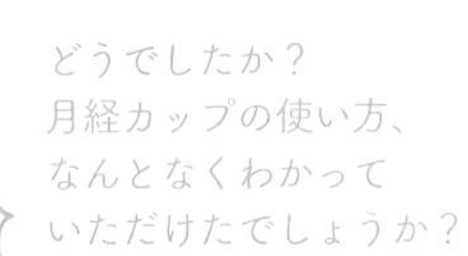

❹経血を捨てて水で洗う

気持ちを楽に、生理3サイクルで使えるようになればOK！

月経カップを「最初からスムーズに使えた！」という方はラッキーです。自転車と同じように、最初は少し不安で、誰でもなかなか思い通りにはいかないもの。1回目でうまく挿入できなくても、少しくらい漏れても、取り出しに時間がかかっても、大丈夫。

ほとんどの方は2～3サイクルほど経験するとコツをつかみ、快適に使えるようになります。その先は使えば使うほど上達していきます。

ここでは1サイクル目から3サイクル目までのサイクルごとに意識してほしいポイントをまとめました。

コツをつかむステップには個人差があります。各項目はあくまでも目安で、自分に合わないものは飛ばしてもいいですし、順番が逆になってもかまいません。

どうしてもうまくいかないときには無理をしないで、また次の生理で試してみましょう。焦らず、自分の身体と向き合う時間を楽しめると、いつの間にかコツをつかみスムーズに使えるようになると思います。

〈1サイクル目〉うまくいかなくてもOK。ひと通り使ってみよう！

最初は気持ちと時間に余裕のあるときに、汚れても気にならないお風呂場でトライすることをおすすめします。思い通りにいかなくても、想像以上に時間がかかっても、大丈夫ですよ。ゆったりとした気持ちで以下のポイントを意識してみましょう。

✤**挿入…**膣の向きや挿入の角度がわかり、リラックスできるようになると、痛みなく挿入することができるようになります（膣の向きは85ページ参照）。

✤**装着中…**初めのころは正しい装着の位置や角度がわからず、多少漏れることがあります。しかしこれは多くの人が経験することです。あまり気にせず、最初はバックアップとしてナプキン（または、吸収型サニタリーショーツ、後述）を併用すると安心です。

✤**取り出し…**ステムが探せなかったり、カップをうまくつかめなかったりして、あわててしまうことがありますが、カップは必ず膣の中にあるので安心してください。深く息を吐いてリラックスしたら、お腹に力を込めて、排便のときのように何度かいきむと、指の届くところにカップが下りてきます。まずはこの感覚をつかみましょう。

〈2サイクル目〉挿入と取り出しのコツをつかむまでもう一息！

1サイクル目にうまくいかなかった人は「また失敗するのでは……」と不安になるかもしれません。でも、いざやってみると想像よりも上達していることを実感すると思います（私もそうでした）。

✣**挿入**…何回か試して不安がなくなってくると、ほとんど痛みなく挿入できるようなってきます。他の折りたたみ方を試したり、挿入の向きを調整したりすることで、よりスムーズに挿入できるようになります。

✣**装着中**…正しい位置に装着できていなかったり、カップが完全に開いていなかったりして、違和感が生じることや少量の経血が漏れることがあります。折りたたみ方を変えてみたり、挿入の向きや装着位置を微調整しながら、使ってみてください。適切な装着位置やカップが開いた感覚がわかってくると、漏れる経血の量もぐっと減ります。

✣**取り出し**…挿入には比較的早く慣れる方が多いのですが、取り出しのコツをつかむまでにはもう少し時間が必要かもしれません。いきみ方のコツがわかってカップを下ろすことができるようになると、焦らず落ち着いて取り出せるようになります。

〈3サイクル目〉使い方のコツをつかみ、挿入も取り出しもスムーズに！

自分なりの使い方のコツがわかってきて、挿入も取り出しもかなりスムーズになります。気持ちに余裕が出てきたら、今までお風呂でリセットをしていた方は、トイレで試してみましょう。

✣**挿入**…カップを折りたたんで挿入するまでの一連の流れに慣れてきて、短い時間で挿入できるようになります。

✣**装着中**…装着の位置や角度が安定し、2サイクル目よりもさらに漏れにくくなります。自分なりのカップを開かせるコツをつかんだり、腟内でカップが開いていく感覚がわかったりします。ナプキン（または、吸収型サニタリーショーツ）が必要なくなるころです。

✤**取り出し**…今までよりも短い時間で取り出せるようになります。カップにどのくらいの経血が溜まったのかを確認する余裕も出てきます。記録をとると、自分の経血量や生理の傾向がわかってきます。

月経カップ初心者には「吸収型サニタリーショーツ」との併用がおすすめ

月経カップを使い始めたばかりの時期は、カップが完全に開いていないことによって漏れることがあります。バックアップとしてナプキンやおりものシートを併用する方が多いのですが、私がおすすめしたいのは吸収型サニタリーショーツです。

吸収型サニタリーショーツは、見た目や履き心地は普通のショーツと同じですが、ショーツ自体が水分を吸収してくれる画期的なアイテムです。

その秘密は吸湿速乾素材、吸収素材、防水素材、高通気素材などの多重構造。この高機能素材によって、上の層で水分をすばやく吸い取り、それをしっかり閉じ込めながら、表面はサラサラの状態を保ちます。さらに下の層では蒸気を逃し、水分を通さないため、ムレや洋服へのモレを防いでくれます。

吸水量はメーカーやブランドによって異なりますが、約20ミリリットルです。ムレやニオイも気になりません。

そろそろ生理が始まりそうな日や終わりかけの時期には、吸収型サニタリーショーツだけで快適に過ごせます。モレが心配な多い日の夜も月経カップと、バックアップとしてこのショーツを併用すれば安心です。

月経カップのお手入れ方法

月経カップは洗って繰り返し使うものなので、「お手入れが大変なのでは？」というイメージがあるかもしれません。でも、実際はおどろくほどシンプルです。

生理期間中の月経カップの洗い方は？

基本的なお手入れは、水洗いに加えて、1日1回低刺激性の石けんで洗うだけ。カップのリム（縁）付近にある空気穴に汚れが溜まりやすいので、穴の部分を軽く引っ張って伸ばしながらお湯で洗い流すか、やわらかめの歯ブラシなどを使って汚れを取り除きましょう。

月経カップの洗い方

❶流水でカップ全体を洗い流す

❷低刺激性の石けんを泡立て、カップ全体を泡で包み込むようにやさしく洗う

❸カップに水を溜めた状態で手のひらでふたをし、ひっくり返してカップをギュッとつぶしながら空気穴から水を出す

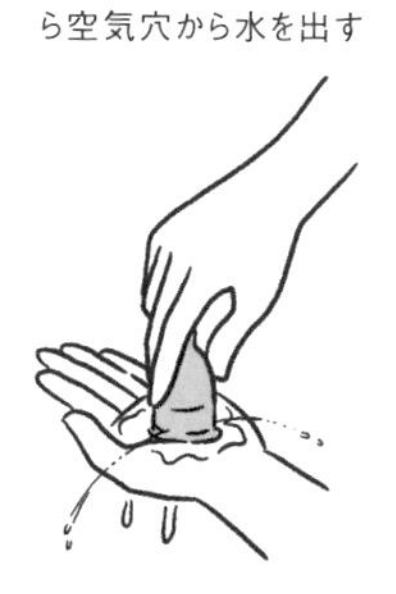

❹流水でカップ全体をすすぐ

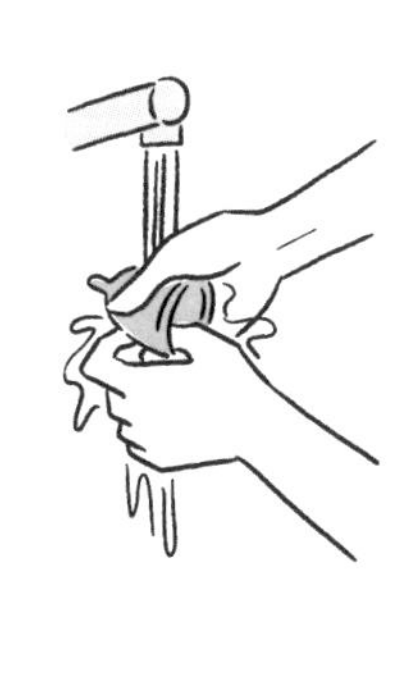

＊使用した日は少なくとも1日1回、水やぬるま湯と低刺激性の石けんを使用して、しっかりと洗いましょう。

月経カップに適した洗浄剤は？

カップの洗浄には、低刺激性で合成香料が含まれない石けんを使用しましょう。次のものはシリコーン素材を劣化させたり、膣粘膜に刺激を与えたりする可能性があるため、使用しないでください。

抗菌石けん／アルコールを含む石けん／ペパーミントオイルを含む石けん／オイルベースの石けん／食器洗い洗剤／酢／レモン汁／ココナッツオイル／重曹／クエン酸／アルコール／漂白剤

月経カップの煮沸消毒の仕方

鍋を使用する場合

鍋で水を沸騰させた後、カップを入れ
10分間ほど煮沸消毒する

電子レンジを使用する場合

❶耐熱容器にカップを入れ、水に浸す

❷電子レンジで5分間ほど温める

月経カップのシリコーン素材を痛めず、腟のpHバランスに合わせた弱酸性で、腟粘膜にやさしい成分で作られた月経カップ専用の洗浄剤もあります。

煮沸消毒のタイミングと方法は?

新しい月経カップを初めて使う前には必ず煮沸消毒します。また、月経カップを長持ちさせるために、毎月の生理期間が終わった後に、煮沸消毒を行いましょう。

少し面倒だと思うかもしれませんが、カップの変色の予防のためにも、少なくとも2〜3カ月に1回は煮沸消毒することをおすすめします。

月経カップの寿命は、あなたのお気に入りの靴やバッグと同じように、日々のお手入れや保管方法によって変わってきます。

次の生理までの保管方法は？

月経カップを洗浄したら、タオルやキッチンペーパーなどで拭いたあと、完全に乾燥させてください。乾燥後は通気性のいいコットンポーチなどに入れ、高温多湿の場所を避けて保管するようにしましょう。プラスチック袋などの密閉容器で保管すると、カビが生えることもあるのでおすすめしません。

月経カップの選び方

月経カップは膣内に装着して使用するため、膣の粘膜に長時間触れるもの。どのような素材が使用されているかはとても重要です。

世界の月経カップのもっとも一般的な素材は、医療用シリコーンです。

医療用シリコーンってどんな素材？

シリコーンは、耐熱性や耐久性が高く、長年劣化しにくい、また、形状を維持できるため変形もしにくいという特徴があります。その中でも、医療用シリコーンは、添加物や不純物を含まず、医療用としての品質を保証され、生体適合性（材料を生体内に使用した際に、異物反応や拒絶反応などを生じず、副作用など有害な影響を与えない）が証明されているものです。

医療の分野でもシリコーンは欠かせない素材です。カテーテル、呼吸用マスク、心臓弁、キズの保護、医療用テープなどに広く用いられ、私たちの身近なところでは、赤ちゃんの哺乳瓶の乳首、コンタクトレンズにも使用されています。

初めての月経カップにはどんなカップを選べばいいの？

初めての方に限らず、自分にぴったりの月経カップを選ぶポイントはいくつかあります。ひとつ目は素材です。医療用シリコーンは、耐久性に優れているだけでなく、生体適合性が立証されているので身体にやさしく、ラテックスアレルギーがある方も使用できます。

ふたつ目はカップ本体の弾力性です。経血が漏れないためには、カップ本体に程よい弾力が必要です。初めてカップを使うときは、挿入の不安からできるだけやわらかいものを選びたくなりますよね。その気持ち、とてもよくわかります。

でも、本体がふにゃふにゃだと、カップが膣内で開きにくいうえ、装着中にも膣圧に負けてカップがゆがみやすく、そうなると経血が漏れやすくなります。逆に、かたすぎるカップは、膣の形状に合わせて柔軟にフィットしづらく、それもまたモレの原因に。膣内でカップが開きやすく、経血が漏れることなく快適に過ごすには、やわらかすぎずかたすぎず、程よい弾力のあるカップがおすすめです。

結局のところ、月経カップは洋服のように試着ができないので、見た目だけで自分にぴったりのカップを選ぶのは至難の技だと思いますよね。そんなとき参考になるのは、実際に月経カップを使った方が投稿する商品レビューや月経カップの体験をまとめたブログの記事です。月経カップはある程度の期間使用することで正しく評価ができるものなので、最低でも3カ月間以上使ったあとに書かれているレビューや、製品の特徴、使用感が詳細に記されているブロガーの記事を参考にされるとよいと思います。

それでも不安や疑問がある場合には、事前にカスタマーサポートに相談してみましょう。

サイズはどう選ぶ？

月経カップはブランドによっていくつかのサイズがあります。自分に合ったサイズを選ぶことはとても重要です。

サイズ選びのポイントは、身長や体重などの「体型」ではありません。一番のポイントは、「骨盤底筋の状態」、その次に「経血量」です。

一般的に骨盤底筋は、出産を経験したり、年齢を重ねるにつれて、弾力が失われるといわれています。この弾力は、カップを装着したときのフィット感に影響するため、出産経験がない方や30歳以下の方は、小さめのサイズから試すのがおすすめです。出産経験がある方や30歳以上の方は、カップの直径がより広い大きめのサイズの方がフィットしやすい傾向にあります。

なお、日ごろからピラティスや膣トレなどの骨盤底筋を鍛えるトレーニングを行っている方は、年齢にかかわらず小さめのサイズがフィットする場合もあります。

また、どうしても挿入することに不安を感じる方は小さめを選び、経血量が非常に多い方は容量を重視して大きめサイズを選ぶのもよいかもしれません。

また子宮口の位置が低い方は、カップの長さがより短い小さめサイズのほうがフィットする場合もあります。

激安の月経カップについて

世界中にはさまざまな月経カップのブランドがあります。ひとつだけ、私からお願いしたいことがあります。それは、「医療機器」として販売されているカップを選んでいただきたいということです。

月経カップは医療機器に分類されており、たとえば、アメリカではＦＤＡ（アメリカ食品医薬品局）の登録または承認が義務づけられています。日本でも、月経カップはタンポンと同じく、厚生労働省が定める薬機法により医療機器に分類され、日本で販売するためには、医療機器製造販売業許可書の取得や、製品を医療機器として製造販売するための届出が必要です。

その商品が医療機器として届出済みかどうかは、製造販売元のウェブサイトや商品パッケージに医療機器届出番号が記載されているかどうかで確認できます。

最近では、フリマサイトなどで何百円という激安のカップを見ることがあります。「最初は安いもので気軽に試してみたい！」という気持ちはわかりますが、なかには、どこでどのように生産されたかわからないものも含まれていたり、「医療用グレード」ではなく「食品グレード」のシリコーンを使用していたり、「医療用グレード」を使用していても１００％ではない場合があります。

月経カップは自分の体に挿入して使用するものです。あなたの身体を守るためにも、「安いから」「かわいいから」という理由で購入するのではなく、ぜひ信頼できる店舗やウェブサイトから購入していただきたいと思います。

激安月経カップの主な特徴

1 価格が非常に安い＝製造コストを抑えている＝品質が低い（素材が不明、漏れやすい、耐久性がない など）
2 医療機器として届出せずに、違法に販売している
3 商品のカスタマーサポートが受けられない
4 商品のブランド名やパッケージデザインをコピーするなど、知的財産権を侵害している

月経カップまるわかりQ＆A

「月経カップは本当に漏れないの？」「痛くないの？」「取り出せなくなることはないの？」

など、月経カップ初心者の方からよくいただく質問をまとめました。

月経カップは本当に漏れないの？

月経カップは、正しい位置に装着され、腟の壁とカップのリム（縁）が密着していれば、ほぼ漏れることはありません。ヨガで逆立ちしても、思い切り開脚しても、大丈夫です。漏れずに使えるようになれば、普段のショーツやTバックも履けるようになります。

慣れないうちは、挿入後にカップが完全に開いていなかったり、装着の位置や角度がずれていたりすることで、カップと腟壁が密着せずに、多少漏れることもあります。その場合、経血の一部が漏れる程度で、ナプキンやタンポンを使っているときに漏れるような大量の経血ではないのですが、最初はナプキン（または、吸収型サニタリーショーツ）などを併用しておくと安心です。

もちろん、月経カップが経血でいっぱいになると、あふれて漏れることがあります。カップの目盛りを活用し、自分の経血量を確認してカップをリセットするタイミングを把握しておきましょう。

月経カップを膣内に入れることで身体に悪い影響はないの?

多くの月経カップに使用されている「医療用シリコーン」は、外部からの熱や摩擦などに強く、変質しないうえ、医療用として優れた生体適合性が立証されています。また、アレルギー反応もほとんど起こらないことでも知られ、ラテックスアレルギーのある方も問題なく使うことができます。月経カップを購入する際は、必ず素材を確認しましょう。

生理の何日目から使えるの?

生理の1日目から最終日まで、生理期間であればいつでも使えます。人によっては、経血が少ないとすべりが悪く、やや入れづらいこともあります。その場合は月経カップを水で濡らすと、挿入しやすくなります。

寝ているときに漏れたり、子宮に逆流したりしないの?

月経カップと膣壁がぴったり密着していれば、睡眠中どんなに寝相が悪くても、漏れることはありません。経血は子宮の収縮によって、子宮口の非常に小さな穴を通して子宮から膣へ押し出されるため、逆立ちをしても、膣に流れ出た経血が子宮に戻ることはありません。

月経カップを取り出して空にするリセットのタイミングは？

月経カップは最長12時間まで装着可能なので（ブランドや国によって異なります）、ナプキンやタンポンのように頻回に取り換える必要はありません。

経血量による個人差はありますが、経血量が多い日は1日2～3回程度、少ない日は1～2回程度、リセットするという方が多いようです。

何回か使っていると、自分は何時間くらいでカップがいっぱいになるかわかってきます。慣れるまではやや早めのタイミングでリセットするようにして、自分の経血量を把握しましょう。

月経カップは何年くらい使用できるの？

医療用シリコーン製の月経カップは数年～10年間ほど使用できるといわれています（管理や使用の仕方などで異なります）。やや初期投資はかかりますが、長い目で見れば、最高のコスパですよね。

ただし、カップの寿命は、使い方やお手入れ方法によって変わってきます。長持ちさせるためにも、使用方法を守って、毎月生理が終わったら丁寧に洗浄するようにしましょう。

月経カップは定期的にチェックして、表面のべたつき、粉状の膜、悪臭、亀裂など、劣化や破損の兆候があった場合は、新しいものに取り換えましょう。長年使用していると経血の色素沈着によって変色する場合もありますが、機能的には問題なく使用することができます。

海外製の月経カップは日本人には合わないのでは？

月経カップのサイズ選びの一番のポイントは、骨盤底筋の状態です。そのため、体型や体格ではなくて、出産経験の有無や年齢を目安にすることをおすすめしています。月経カップを選ぶ際には、日本製か海外製かで判断するのではなく、カップの素材、形状、やわらかさ、弾力性、容量、使いやすさなどを基準にして、総合的に自分の身体に合ったものを選ぶようにしましょう。

排尿や排便のときはカップを取り外すの？

取り外す必要はありません。月経カップは、タンポンのひものように外に出ている部分もないので、とても衛生的です。もちろん、カップを装着したまま、ウォシュレットを使うことも可能です。

外出先ではどうやって洗えばいいの？

取り出したカップを水で洗えない場合には、トイレットペーパーで拭くか、デリケートゾーン用または赤ちゃんのおしりふきなどの低刺激性のウエットティッシュで拭けばＯＫ。水ですすぎたい方は、水を入れたミニボトルや旅行用の化粧水などの詰め替えボトルを携帯するのもよいでしょう。

どちらの場合も、帰宅後に1日1回は丁寧に洗ってください。もっとも重要なことは「清潔な手」で取り扱うこと。トイレの後だけでなく、トイレに入る前に手を洗う習慣を身につけていただきたいと思います。

月経カップは10代から使えるの？

「10代の中高生には早いのでは？」と思う方も多いと思いますが、実際に世界各国でたくさんのティーンエイジャーが使用しています。日本でも10代のユーザーが少しずつ増えてきていて、なかには、先にお子さんが使い始めて、そのあとに、お母さんも使い始めたという親子もいらっしゃいます。

とはいえ、最初はカップを腟に挿入することへの不安があるのは当然です。まずは、カップを使う前に、挿入の感覚や腟の向きを確認するためにも、自分の指を入れてみることから始めるとよいでしょう。

月経カップによっては10代の方が使いやすいように設計されたサイズも販売されています。まずはこのような10代向けのカップから試してみてはいかがでしょうか。

なお、月経カップを使うことで、膣がゆるむことはないのでご安心ください。

タンポンを使ったことがなくても使えるの？

タンポンを使ったことがなくても、月経カップを使用している方はたくさんいます。タンポン未経験の方がスムーズにカップを使えるようになるために、カップを使う前に知っておいていただきたいことは、「膣の向きは真上ではなく、尾てい骨の方向に斜めに傾いていること」です（85ページ参照）。

折りたたんだカップを少し後ろに傾けて、尾てい骨の方向へ斜めに入れると、スムーズに入ります。カップを入れる前に、自分の指を入れて、膣の向きを確認してみましょう。

月経カップのステムはカットしてもいいの？

月経カップのステムはソフトで違和感のないように作られていますが、もし、ステムが膣口に当たったり、膣口から外に出てきたりして不快感がある場合には、適切な長さにカットすることができます。

ただし、いったんカットしたステムは元に戻せませんので、少なくとも数回は使用してカップがフィットする正しい装着位置を把握してから、カットが必要かどうかを判断するようにしましょう。

月経カップが取り出せなくなることはないの？

月経カップは装着中にいつの間にか上のほうに移動して、ステムに指が届かないことがあります。取り出しにはコツがあるので、焦る必要はありません。身体が緊張すると膣が収縮して取り出すのが難しくなるので、まずはリラックスしましょう。

指先を膣の入り口付近にスタンバイさせ、「んっ！」と排便するときのように何度かいきんでみてください。すると自然にカップが下りてきて、ステムが指先に触れると思います。

その後、ステムを軽く引っ張りながらカップの底部に指を移動させ、カップの底を指でへこませます。カップのリムを膣壁から離し、密着が解除できたら、ゆっくりと取り出してください。

それでも難しい場合には、自然の重力の働きに任せて、カップが下りてくるまで少し時間をおいてみるのもおすすめです。朝出かける準備をして部屋の中を歩き回ったり、外にこんな人は月経カップを使ってもいいの？

セックスの経験がない	○	最初は不安かもしれませんが、指を入れることができれば大丈夫。小さめのサイズから試してみましょう。
骨盤底筋の衰えによる子宮脱（子宮が膣口から脱出する状態）がある	△	子宮脱の症状には個人差がありますので、医師にご相談ください。
更年期で生理が不安定	○	更年期は経血量や周期が不安定な時期ですが、月経カップは問題なく使えます。
子宮後屈（子宮が背中側に傾いている状態）	○	ご自分の体にフィットする位置に装着すれば問題なく使用できます。

出て散歩したりしてから、再トライしてみましょう。

もし、どうしても取り出せなくなった場合は、婦人科を受診して取り出してもらってください。

装着中におしっこが出にくくなったり、頻尿になったりするのはなぜ？

膀胱と尿道の位置は、膣と隣り合わせになっており、その距離には個人差があります。なかには、膣内の月経カップが膀胱や尿道を圧迫して、おしっこを出すのにいつもより時間がかかったり、おしっこの出る勢いが弱くなったりする方がときどきいます。また、いつもよりおしっこに行きたくなる回数が増える方もいます。

その場合は、膣内でカップの位置を少し高くしたり低くしたり変えてみると、圧迫が解消されることもあります。それでも解消されない場合は、カップ本体がやわらかめのカップを試してみてもよいかもしれません。

出産後はいつから使えるの？

通常は悪露（おろ）が終わる産後6週間後くらいから使用できますが、心配な場合は医師に相談しましょう。その他のケースについても58ページの表にまとめました。

Column

知っておきたい「トキシックショック症候群（ＴＳＳ）」のこと

トキシックショック症候群（ＴＳＳ）をご存知でしょうか？　ＴＳＳはバクテリアの黄色ブドウ球菌が産生する毒素によって引き起こされる、性別や年齢にかかわらず起こりうる感染症です。症状は発熱、発疹、倦怠感、嘔吐、下痢などで、ただちに治療を受けないとショック症状を引き起こすことがあります。

ＴＳＳを発症することは極めてまれですが、タンポンを長時間腟内に放置するなど誤った使い方をすることによって発症している事例があることから、タンポンの使用とＴＳＳとの関連が指摘されています。

では、月経カップではどうでしょうか？　欧米を中心に普及して10年ほど経ちますが、ＴＳＳの発症はほとんど報告がないため、タンポンと比べてＴＳＳのリスクが非常に低いといわれています。その理由は、素材の違いにあるのではないかと考えられています。

タンポンは合成繊維などで作られているため、腟内に長時間放置されていると細菌の増殖を促す可能性があり、吸収体が乾いた状態だと取り出すときに腟粘膜を傷つけることもあります。

一方、月経カップは経血を吸収するのではなく溜めて使うもので、細菌が増殖しにくく、素材が医療用シリコーンで表面がツルツルしているため腟粘膜を傷つけることはあまりないと思われます。

月経カップを安全に使用するためには、手をきれいに洗ってから取り扱うこと、腟粘膜に傷や痛みがあるときは使用しないこと、添付文書に書かれた連続使用時間を超えて腟内に放置しないことなど使用方法をしっかり守ることが大切です。必要以上に恐れることなく、リスクをきちんと理解したうえで、正しく安全に使用していただきたいと思います。

注）これまでＴＳＳを発症したことがある場合は、月経カップは使用しないでください。

月経カップをおすすめする9つの理由

新世代の生理用品である月経カップには、今までの生理用品になかった、画期的なメリットがたくさんあります。ひとつずつ見ていきましょう。

1　ナプキンやタンポンより長時間使用できる

月経カップは、最長8〜12時間まで使用可能です（ブランドや国によって異なります）。これは多くの女性にとって最大のメリットではないでしょうか。

容量がいっぱいにならない限りは、朝出かける前に装着すれば、夜帰宅するまでリセットする必要がないのがとても便利です。休みの日に時間を気にせずに朝寝坊できるのもうれしいですよね。

2　装着感もなく、経血が出る感覚もなく、生理を忘れて過ごせる

私も実際に使ってみるまでは、「このサイズのカップが入っている感覚がないなんて、本当？」と疑っていたのですが、月経カップはきちんと装着できれば、ほとんど装着感が

ありません。あの経血がドロッと出る不快な感覚もまったくないので、生理であることを忘れてしまうほど。うっかり12時間を超えないように、カップを取り出す時間をスマホのタイマーで設定する人も多いようです。

3　どんなに動いてもずれない、漏れない

月経カップはどんなに激しい動きをしても、ずれたり外れたりして漏れることはありません。スポーツシーンにも最適です。ヨガ、水泳、サーフィン、ランニング、サイクリングなど、どんなスポーツにもおすすめです。世界中のアスリートたちも月経カップを使い始めています。

4　気になるニオイがしない

生理中の気になるニオイ。経血そのものがニオイの原因と思われがちですが、実はそうではないのです。体外に出たばかりの経血は無臭に近い状態です。

しかしナプキンにしみこみ、空気に触れることで、経血が酸化し始めます。酸化がどんどん進むと雑菌が繁殖して、ニオイを発生させてしまうのです。

月経カップなら経血が空気に触れないため、ニオイはほとんど発生しません。

5 海や温泉もOK！

月経カップを使えば、海、プール、温泉などを自由に楽しめます。カップと膣壁は密着しているため、正しく装着すれば経血が漏れたり、膣内に水が入ることもありません。タンポンのひものように外に出ている部分もないため、衛生的なうえ、周りの目も気になりません。

6 ごみが出ない

1日4枚のナプキンを使用すると仮定した場合、生涯使用するナプキンはおよそ1万枚（生理のある年数を40年間、1回の生理を5日間とした場合）。月経カップは洗って繰り返し使えるので、ナプキンやタンポンと違ってごみが出ません。地球環境にやさしいエコ・フレンドリーなアイテムです。

7 かさばる生理用品を持ち歩かなくていい

生理中の外出時や旅行には、ナプキンやタンポンを持ち歩く必要があります。月経カップなら、海外旅行や留学などで海外に長期滞在するときにも、スーツケースにカップひとつ入れるだけなのでとても便利です。

8　お財布にやさしい

月経カップは一度買ってしまえば、数年～10年間は使えます（管理や使用の仕方などで異なります）。ナプキンやタンポンと比べると初期費用はかかりますが、長い目でみればとても経済的。数カ月間で元がとれるので、迷っていたら、トライすることをおすすめします。

9　健康管理に役立つ

月経カップを使うと、自分の経血量や経血の色が明確にわかるようになります。これはナプキンやタンポンでは難しかったこと。自分の経血の特徴がわかると、健康管理に役立ちます。また、いつもの生理期間との違いに気づくことで、病気の早期発見にもつながります。

＊ナプキン、タンポン、布ナプキンにはそれぞれ、メリットとデメリットがあります。それを理解したうえで使い分けができるといいですね。

生理用品のメリット・デメリット

ナプキン	メリット	だれでも簡単に使える
		どこでも手軽に購入できる
		種類が豊富で経血量や好みによって選ぶことができる
	デメリット	長時間使用すると漏れる
		蒸れやすく、かぶれやすい
		ニオイが気になる
		経血がドロッと出る感覚が不快
		ごみが出る
		持ち運ぶときにかさばる
タンポン	メリット	蒸れにくく、かぶれにくい
		スポーツなどで激しく動いても漏れにくい
		ナプキンより長時間（最長8時間）使用できる
		プールやお風呂に入れる
		モコモコ、ゴワゴワしない
	デメリット	使い方に慣れるまで時間がかかる
		排尿時にひもが不衛生になる
		長時間の使用はTSSのリスクがある
布ナプキン	メリット	敏感肌にやさしい
		洗って繰り返し使えるからごみが出ない
	デメリット	つけおき洗いなどお手入れの手間がかかる
		汚れたナプキンを持ち帰らないといけない
		交換用に複数枚を携帯するとかさばる

Column

「紙ナプキンは子宮を冷やす」ってホント?

「紙ナプキンは身体を冷やすから生理痛の原因となる。生理痛対策には子宮をあたためる布ナプキンを使うべき」。このような説を耳にしますが、実はこれは間違いです。

布ナプキンはデリケートゾーンに触れた瞬間はあたたかく感じるのですが、経血を吸収してぬれると、むしろ冷たく感じることがあります。逆に紙ナプキンは内部の吸収体が経血を閉じ込めて逃がさないため、ぬれた経血でデリケートゾーンを冷やすことはありません。布ナプキンの主なメリットは、コットンの通気性のよさや、やさしい肌ざわりです。その心地よさから、人によっては生理痛が軽くなると感じる方もいるのかもしれません。

Chapter 2

知っているようで知らない生理と女性の身体のこと

生理の基礎知識

この章では、月経カップを使うときに知っておきたい女性の身体の仕組みや生理のメカニズムについて、みなさんと一緒に考えていきたいと思います。

自分の身体のことを知っておくと、月経カップに対する疑問や不安がなくなり、より短い期間でスムーズに使えるようになります。みなさんの月経カップライフをさらに快適で充実したものにするために、ぜひ確認しておきましょう。

さて、あらためて「なぜ生理が起こるの？」と聞かれると、説明に困りませんか？学校で習ったはずなのに、多くの方がすっかり忘れてしまっていると思います。

生理は、妊娠に備えて成熟した子宮内膜がはがれ落ちて、体外に排出されるものです。子宮内膜とは、子宮の内側にある粘膜のこと。赤ちゃんのベッドになるものです。このベッドは、生理周期の中で厚みを増して赤ちゃんを受け入れる準備をするのですが、妊娠が成立しなければ不要になります。そうすると、また次回に備えるために、ベッドメイキングをする。はがれたお布団（子宮内膜）が経血として、体外に出てくるイメージです。つまり、妊娠が成立しなかった結果として起こる現象が生理です。

知っておこう！ 生理のメカニズム

生理は主に「エストロゲン（卵胞ホルモン）」と「プロゲステロン（黄体ホルモン）」という2つの女性ホルモンの分泌によって起こります。

この2つのホルモンは周期によって分泌量が多くなったり少なくなったりして、生理周期をコントロールしています。

①卵胞期…まず、脳の視床下部から性腺刺激ホルモン放出ホルモン（GnRH）が分泌され、その刺激で脳下垂体から卵胞刺激ホルモン（FSH）が分泌され、卵巣にある原始卵胞（卵子が入っている袋）を刺激し、その中のひとつが成長を始めます。成熟した卵胞からはエストロゲン（卵胞ホルモン）がたくさん分泌され、その影響で子宮内膜が厚くなります。

②排卵…エストロゲン（卵胞ホルモン）の分泌量が増えると、脳下垂体からは黄体形成ホルモン（LH）が分泌され、成熟した卵胞を刺激します。すると、卵胞から卵子が外に飛び出します。これが排卵です。排卵は毎回、左右2つある卵巣のどちらか一方から出て、卵管を通り、精子と出会うために旅をします。

生理のメカニズム

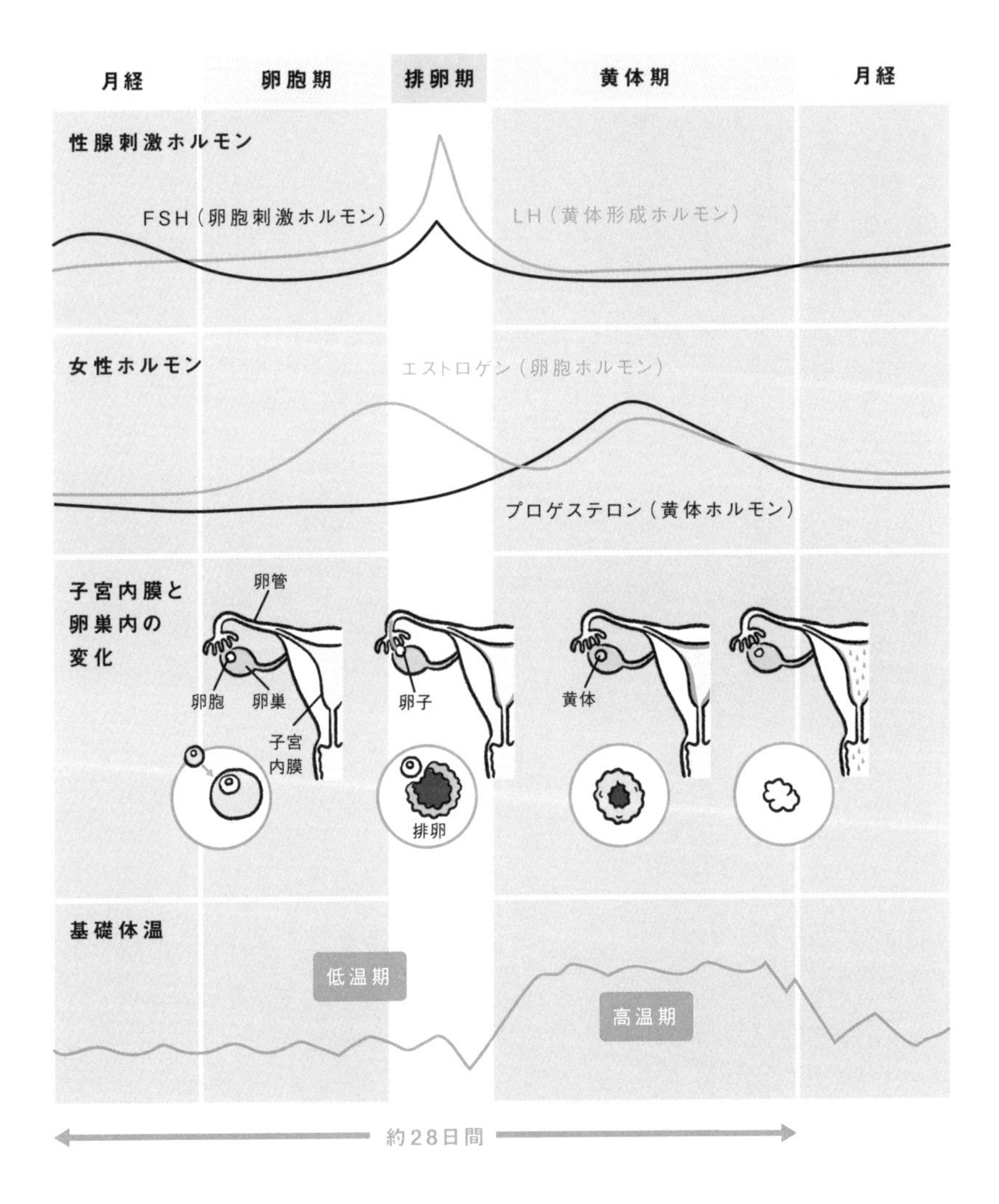

月経
卵胞期
排卵期
黄体期
月経
性腺刺激ホルモン
FSH（卵胞刺激ホルモン）
LH（黄体形成ホルモン）
女性ホルモン
エストロゲン（卵胞ホルモン）
プロゲステロン（黄体ホルモン）
子宮内膜と
卵巣内の
変化
卵管
卵胞
卵巣
子宮
内膜
卵子
黄体
排卵
基礎体温
低温期
高温期
約28日間

女性ホルモンの指令の流れ

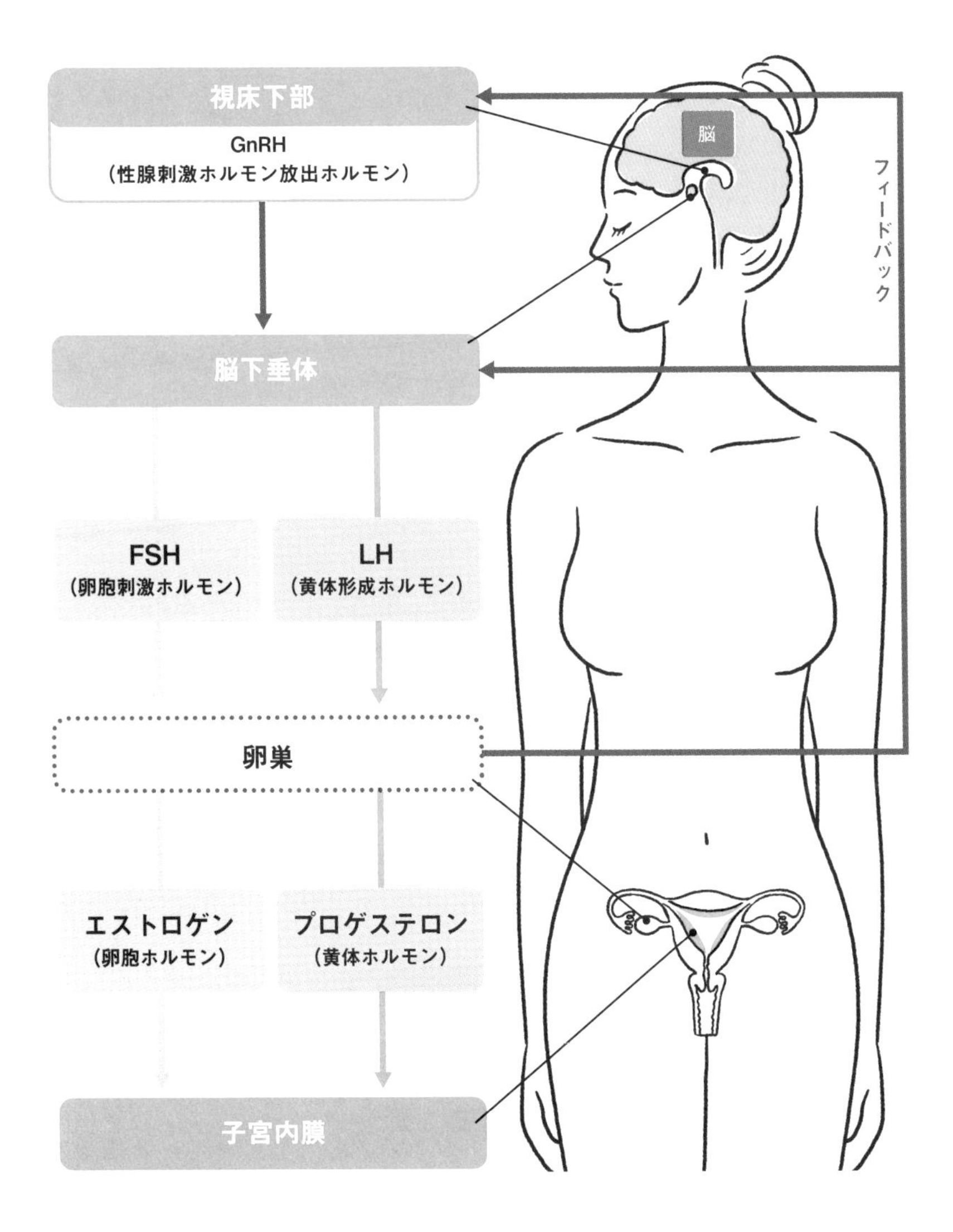

③**黄体期**…排卵したら、卵子が出ていった卵胞は黄体に変化します。この黄体からは、プロゲステロン（黄体ホルモン）が多く分泌されます。これは妊娠をつかさどるホルモンなので、体内の水分を保ったり、乳腺を発達させたりします。子宮内膜は厚くなり、妊娠に適した状態になります。むくみや胸の張りなどが生理前に起きやすいのは、このプロゲステロン（黄体ホルモン）の影響です。

④**月経期**…子宮内膜が厚みを増すと、精子と卵子が一緒になった受精卵が着床できるようになります。この時期に受精卵が子宮に到達し、子宮内膜に着床できれば妊娠が成立します。しかし、卵子が精子と出会えなかったり、受精卵が着床できなかったりするとプロゲステロン（黄体ホルモン）とエストロゲン（卵胞ホルモン）の量は激減。不要になった子宮内膜は、次回のために一度すべてはがし、体の外に出します。これが生理です。

生理痛はなぜ起こるの？

下腹部や腰の痛み、お腹の張りや重苦しさ……。生理痛はつらいものです。実に女性の二人に一人は生理痛があるともいわれ、多くの方が悩んでいます（＊日本産科婦人科学会）。

生理痛はなぜ起こるのでしょうか。生理中には子宮を収縮させ、はがれ落ちた子宮内膜を、血液とともに体外に押し出す働きをする物質「プロスタグランジン」が分泌されます。

実はこの物質が生理痛を起こす原因なのです。プロスタグランジンの分泌量が多いほど、子宮が過剰に収縮し、痛みが強くなります。

生理痛は若い人や出産経験のない方に多いといわれます。これは子宮の出口が狭いために、経血がスムーズに外に流れにくいことから痛みを感じるためです。出産を経験すると、子宮の出口が広がるため、生理痛が軽くなる場合もあります。

生理痛は我慢するものなの？

生理痛でつらいとき、みなさんはどう対処していますか？　おどろくことに多くの女性が「安易に薬に頼るのはよくない」と考えて、我慢をしてしまっているのです。「鎮痛剤は身体に悪いからできるだけ飲まないように」と言われた経験がある方も少なくないでしょう。

ですが、鎮痛剤が身体によくないというのは間違いです。薬局で手軽に手に入る鎮痛剤は、痛みの原因であるプロスタグランジンの働きを抑える役割があります。用法・用量を守って飲む限りはほとんど問題ないと思います。鎮痛剤は、痛みが本格的になる前に飲む方が効果的です。「そろそろ痛くなりそう」というタイミングで飲むようにしましょう。

生理痛の対処法としてよく聞かれる説に「生理痛は子宮をあたためると軽くなる」とい

うものがあります。これは誤った情報です。子宮はもっとも冷えにくい体の中心部にあり、「冷える」ものではありません。

お腹まわりをあたためることで、痛みは少し和らぐかもしれませんが、根本的な解決法にはなりません。やはり一番の対策は「早めの鎮痛剤」です。でも、もし痛みがひどい場合や、薬が効かない場合には、子宮内膜症などの病気のサインかもしれません。我慢しないで婦人科を受診しましょう。

生理のつらい症状「ＰＭＳ」

生理の前になると気分が落ちこんだり、だるくなったり……。こんな経験はありませんか？　それ、もしかしたらＰＭＳかもしれません。

ＰＭＳ（＝Premenstrual Syndrome）とは「月経前症候群」のことで、生理の３～10日ぐらい前から起こる身体の不調を指し、その症状は実に多岐にわたります。感情の起伏が激しくなる「心の症状」と、肌荒れや頭痛などの「体の症状」が両方起こることもあり、人によっては寝込むほどつらいことも。生理が始まるとその症状がすっかりよくなるのが特徴です。実は生理のある女性の70～80％にこの症状があるといわれています（＊日本産科婦人科学会）。

ＰＭＳが起こる原因は、女性ホルモンのエストロゲン（卵胞ホルモン）とプロゲステロン（黄体ホルモン）の急激な変動が関係しているのではないかと考えられていますが、はっきりとした原因はわかっていません。

ＰＭＳは治療の対象になるので、症状がひどくてつらいときは、無理をしないで婦人科を受診しましょう。症状に合わせて、漢方薬や低用量ピル、抗不安薬、カウンセリングなどさまざまな治療法があり、婦人科の医師と相談しながら自分に合ったものが選べます。

ＰＭＳの症状

✤心の不調…イライラする、感情の起伏が激しくなる、落ち込む、怒りっぽくなる

✤体の不調…肌荒れ、眠くなる、胸が張る、食欲が増す、だるくなる、便秘、肩こり、頭痛、むくみ、下腹部の張り、動悸、めまい、不眠

ピルについて

ピル（低用量ピル）は経口避妊薬として開発された薬で、日本ではまだまだ使用率は低いですが、世界では1億人以上の女性が服用しています。

ピルにはエストロゲン（卵胞ホルモン）とプロゲステロン（黄体ホルモン）の2種類の女性ホルモンが含まれます。これによりホルモンバランスを調整し、脳に「妊娠した」と認識させることで排卵を抑制します。排卵が起こらなければ、卵子が精子と出会うことはないので、ピルは正しく飲めば避妊率は99・7％とされています。

また、排卵を抑制することで、避妊以外にも、生理痛、生理不順、ＰＭＳ（月経前症候群）、子宮内膜症の予防・改善などに効果があります。

またピルのメリットは生理の周期を調整できること。旅行やイベントなど、大事な予定が生理日と重ならないようにずらすことができます。

ピルは副作用が気になる方もいるでしょう。約40年前の開発当時は、ピルに含まれるホルモン量が多く、副作用を引き起こす例があり、「ピル＝副作用」というイメージができてしまった原因となりましたが、現在の低用量ピルでは、副作用というよりも不正出血や吐き気、むくみなどのマイナートラブルという軽くて一時的なものがほとんどです。

それ以外に、重大な副作用としては血栓症があります。血液が凝固して塊（血栓）となって血管をつまらせることで、脳梗塞や心筋梗塞を起こすものです。そう聞くと怖くなってしまうかもしれませんが、発症リスクはかなり低く、実は妊娠中の血栓リスクのほうがはるかに高いことがわかっています。不安な場合には、ピルの服用前に医師に相談し、自分のリスクがどれくらいかを把握しておけば、あまり心配することはありません。

生理不順、無月経を放っておかないで

「生理がたまにしかこないけど、楽だからいいよね」

「ここ数カ月生理がないけど、そのうちくるだろうから気にしない」

生理の周期が不規則だったり、数カ月間生理がこなかったりするのを「これが自分のペース」「自分の生理は普通」と思い込んでしまっていませんか？

生理の周期は24～38日が正常です。これより生理周期が長かったり短かったり、あるいは不規則だったりするのは要注意です。女性ホルモンの分泌異常により、卵子が育っていなかったり、子宮内膜が作られていなかったり、また、正常に排卵が起きていなかったり

する可能性があります。

いつも自分の生理を基準に考えていると、病気を見逃したり、赤ちゃんがほしいときに妊娠しづらくなったりすることになりかねません。

また、無月経も放置は禁物です。無月経はダイエットやストレス、過度なトレーニング、栄養不足によって起こることがあります。放置しておくと、将来妊娠しにくくなったり、骨粗鬆症や生活習慣病のリスクが高まったりします。生理が3カ月以上止まっている場合には、早めに婦人科を受診しましょう。

1回の生理の経血量はどれくらい？

みなさんは1回の生理でどのくらいの経血が排出されるか知っていますか？

「今日は多いな」とか「少ないな」と感覚的に思うことはあっても、具体的な「量」まではわからないという方がほとんどではないでしょうか。

1回の生理における経血量は20～140ミリリットルほどが正常値といわれています（＊日本産科婦人科学会）。20ミリリットルというとおよそ大さじ1杯よりやや多いくらい。一方、140ミリリットルというと一般的な栄養ドリンクくらいの量。経血量にはこんなにも個人差があることにおどろきますよね。

140ミリリットルを超えるほど量が多い場合は、「過多月経」となります。しかし通常、正確な経血量を測ることは難しいため、目安として「日中でも夜用のナプキンを使わなければいけない」とか、「ナプキンやタンポンが1時間もたない」というように、生理用品の一般的な使い方では対応できない場合は「過多月経」を疑った方がいいといわれています。めまいや立ちくらみなど、貧血の症状が出ることもあります。

過多月経の原因のひとつは、なんらかの病気によって経血量が増えること。急に生理の量が増えた場合などは、子宮筋腫や子宮内膜症などが原因の可能性があります。一方で、子宮に何も異常がなくても経血量が多い方もいます。

しかし、過多月経を放っておくと、貧血が悪化したり、重大な病気を見逃したりすることもあるので、早めに婦人科を受診しましょう。

いつもの自分の経血量がどのぐらいかを知っておくことは健康管理のためにも重要なこと。ナプキンやタンポンでは経血量を測るのは難しいですが、月経カップなら簡単に測ることができます。月経カップを使い始めたら、ぜひチェックしてみましょう。

生理はいつから始まっていつまで続くの？

個人差がありますが、初潮の平均年齢は12～13歳、閉経の平均年齢は50・5歳です（＊

日本産科婦人科学会)。いつ生理が始まり、いつ終わるのかは、女性ホルモンが大きく関わっています。初潮から20歳くらいまでの時期は女性ホルモンの分泌量がどんどん増加していき、20代になると分泌がピークに達します。その後、女性ホルモンの分泌は30代後半から少しずつ減少し始め、40代になると生理の周期が乱れたり、経血量が減ったりなどの変化が徐々に現れて、やがて閉経を迎えます。閉経の年齢には幅があって、40代前半に閉経する人もいれば、60歳近くまで生理がある人もいます。

卵子は年齢とともに老化する

卵子は、お母さんのお腹の中にいる胎児のときから作られ、もっとも多くなる20週ころには700万個ほどあるといわれています。生まれるときにはすでに200万個にまで減少し、その後も卵子は減り続け、50歳前後の閉経を迎えて排卵が停止します。また、卵子は年齢とともに老化します。そのため、30代中頃から妊娠しにくくなり、妊娠・出産の異常が起きやすくなります。生理があれば妊娠できるわけではありません。この事実を理解していることで、自分の意思で選択する人生を歩むことができるようになると思います。

閉経に向けて生理はどうやってなくなるの？

40代半ばくらいで更年期に入ると、女性ホルモンの分泌が減少していく過程で、生理周期が乱れたり、経血量が減ったり、逆に急に大量出血が起こってびっくりすることもあります。これらは女性ホルモンを分泌していた卵巣の機能が衰え、女性ホルモンの分泌が不安定になるために起こる変化です。

閉経までの生理の変化の過程には個人差があり、すべての人が同じ順序で進むわけではありません。最終的に、「最後の生理開始日から1年経っても生理がない」場合は、閉経とみなします。

生理不順は加齢とともに誰にでも起こることなので、閉経に向かう生理的な変化であれば問題ありませんが、なかには子宮筋腫や子宮内膜症、子宮体がんなど、病気による不正出血の可能性もあります。出血が長引く場合や、ほかに気になる症状がある場合は、婦人科を受診しましょう。

更年期の生理は、周期や量が不安定になりますが、そんなときこそ経血をしっかり受け止めてくれる月経カップ、バックアップしてくれる吸収型サニタリーショーツが役に立ちます。

Column

生理中の水泳は大丈夫?

生理中にプールに入っても大丈夫なのか、気にしている方は多いと思います。生理は病気ではないので、体調に問題がない限り、生理中の水泳は問題ないといわれています。適度な運動を行うと、血流がよくなって生理痛を軽減させてくれることもあります。

でも、水の中での経血が漏れることはないのでしょうか。実は、水中では水圧があるため、経血は出にくくなります。生理中にお風呂に浸かっても、お湯が汚れることはあまりないのも同じ理由です。ただし、水から上がると水圧がなくなり経血が出やすくなるので、プールサイドに濃い色のバスタオルを用意しておくか、タンポンを使うと安心です。

最近では、水泳のときに月経カップを使う方も増えています。タンポンのようにひもが水着から出ていないか気になったり、ひもをつたって腟の中に水がしみ込むように感じたりすることもないので、おすすめです。

プールというと、ウイルスや細菌などの感染リスクを気にされる方もいるかもしれません。しかし、HIVやB型・C型肝炎などの血液や体液を介して感染する病気は、水質管理がされているプールにおいてはほぼ起こらないそうです。生理中でも体調がよければ、安心して水泳を楽しんでください。

月経カップを使う前に知っておきたい女性の身体の仕組み

月経カップを初めて使うときの不安や疑問。その多くの原因は、カップを受け入れる自分の身体のことを意外とよく知らないからかもしれません。もし、カップを装着する膣の中を知ることができたら、これらの不安や疑問は解消されるはずです。

ここからは月経カップを使用するときによくある疑問・質問と、それと合わせて知っておきたい身体の仕組みについて解説していきます。

まずは、女性器について確認しましょう。84ページの図は、保健体育の教科書にもよく出てくる女性器を正面から見た図です。膣、子宮口（頸部）、子宮、卵管、卵巣があり、生理、セックス、妊娠・出産など、生殖に関わる活動のすべてがここで行われます。

子宮は、受精卵を着床させて赤ちゃんを育てる部屋。にわとりの卵くらいの大きさで、厚い筋肉で構成されており、内部は子宮内膜で覆われています。子宮口は子宮の入り口で、膣につながっています。

卵巣は子宮の両脇にひとつずつあり、ここには、卵子の元となる原始卵胞が出生時に約200万個もストックされています。女性ホルモンを分泌するという重要な役割も担って

女性器（正面）

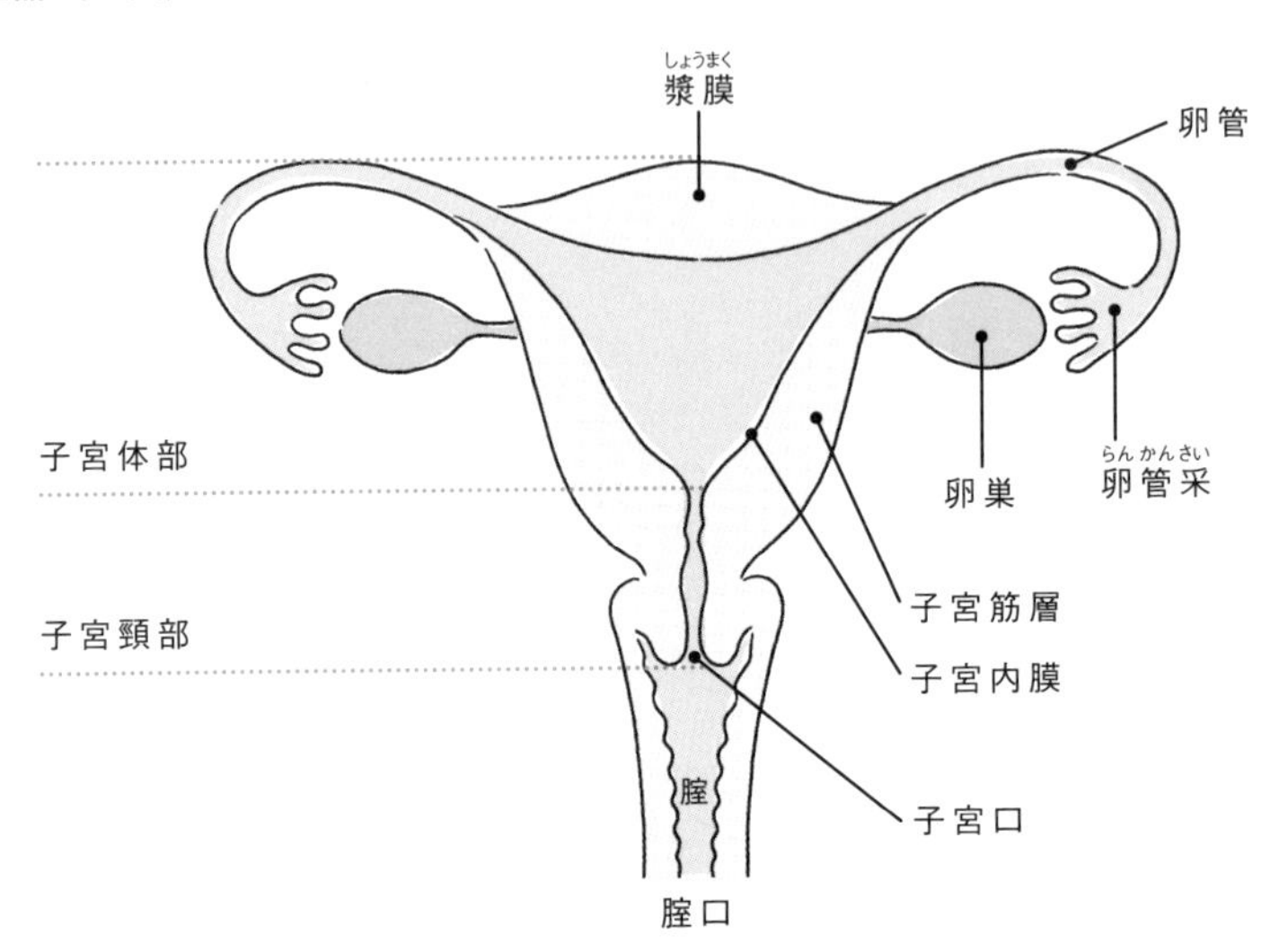

います。

さらに子宮の上部から左右に向かって手を広げるように伸びているのが卵管。卵子と精子は、この卵管を通って出会い受精します。長さは10〜12センチほどで、先端はイソギンチャクのように広がっています。

膣は膀胱や尿道の後ろ、直腸の前にあります。外性器と子宮を結ぶ8〜10センチほどの管です。管といっても、筋肉層で構成されている膣は柔軟に伸縮します。出産時には赤ちゃんが通る産道になり、セックスのときにはペニスが挿入されます。月経カップが入らないなんてことはありません。

改めて、月経カップの装着位置を確認してみましょう。月経カップは、膣の下のほう、膣口の近くに装着します。

月経カップの装着位置

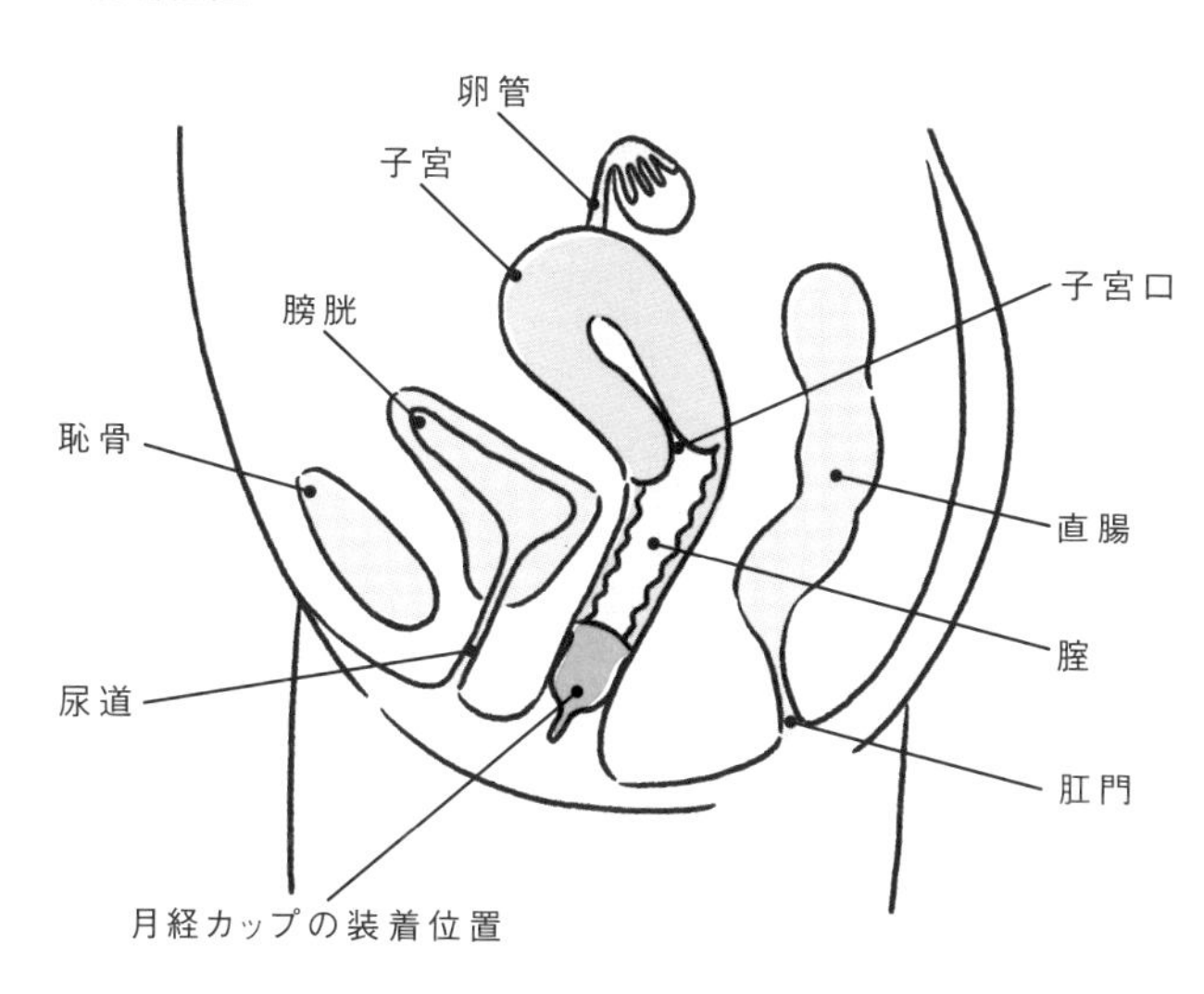

Q 月経カップが奥に入って体の中で迷子になることはないの?

A 月経カップは子宮口でストップするので安心してください

月経カップはタンポンのように奥深くに挿入するのではなく、膣の入り口近くの低い位置に装着します。装着中は姿勢や体の動きによって自然に上のほうに移動することがあり、取り出すときにステムに指が届かなくなる場合があります。「このまま取り出せなくなってしまうのでは?」と不安になるかもしれませんが、安心してください。

膣の奥で唯一つながっている場所は子宮ですが、子宮の入り口である子宮口は、出産のとき以外は狭く閉じられているので、にわとりの卵くらいの大きさのカップが子宮に入り込むことは物理的にありえません。カップは長さおよそ8〜10センチの膣の中に必ずあります。

取り出しのときにステムに指が届かない場合は、お腹に力を入れて排便をするときのように何度かいきむと、徐々にカップが下がってきます。指がステムに触れたら軽く引っ張り、カップの底を指でへこませて膣壁との密閉を解除すると、スムーズに取り出すことができます。

Q 月経カップの装着中、違和感はないの?

A 正しい位置に挿入できていれば違和感はありません

多くの月経カップは、表面がなめらかで、やわらかいシリコーン素材で作られているので、正しい位置に装着すれば異物感や違和感はなく、つけていることを忘れてしまうほどです。カップが膣内で完全に開いて、膣壁にしっかり密着していれば、漏れることもありません。

もし、モレや異物感があるときには、装着位置が奥すぎる、または浅すぎる可能性があります。この場合は一度取り出し、位置を調整しながら入れ直してみてください。カップの適切な装着位置は、人差し指を第一関節まで膣に入れたとき、ステムが指先にチョンと触れるくらいの位置です。

最初はなかなか正しい位置が見つけにくいかもしれませんが、回数を重ねるうちに違和感なくフィットするあなたのベストポジションが見つかります。

別の折りたたみ方を試したり、挿入する角度を変えてみたりすると、うまくいくこともあるので、まずはいろいろ試してみましょう。

Q 月経カップを使うと処女膜が破れてしまうの？

A 必ずしもそうとはいえません

処女膜は、膣を完全にふさいでいるわけではなく、指一本分ぐらいの穴が開いていることが一般的です。ほとんどの女性が若いときに処女膜を持っているといわれていますが、その形状には個人差があり、薄くてやわらかい方、厚くてかたい方、一部分にしかない方、そしてごく稀にふさがっている方などさまざまです。

さらに、激しい運動やタンポンを使用したり、指を挿入したりすることで、処女膜は簡単にやぶれることがあり、自分の処女膜を正確に確認するのは難しいともいわれています。そのため、必ずしも月経カップを挿入することによって処女膜がやぶれるとはいえないのです。

また、処女膜は通常、伸び縮みをする部分なので、月経カップを挿入するときにひだが十分に伸び広がれば出血することはなく、もし挿入のときに処女膜がやぶれたとしても、膣が十分にうるおっていれば、痛みや出血がない場合もあります。

そもそも処女膜の「処女」とは、「セックスをしたことがない人」のことを指しますが、その人が処女であるかどうかは本人しかわからないこと。処女膜のあるなしでは判断することはできません。

Q　月経カップを入れるときに痛みがあるのですが……

A　リラックスして、膣の向きを確認してから挿入しましょう

膣は85ページの図のように尾てい骨の方向に後傾しています。カップを垂直方向(真上)に挿入しようとすると痛みを感じてしまい、うまく入りません。

まずは一度、清潔な指を入れてみて、自分の膣の向きを確認するといいでしょう。そのうえでカップを少し倒すようなイメージで、斜め後ろの角度に挿入するのがコツです。カップに慣れないうちは緊張や焦りから身体に力が入ってしまいがちです。そうなると膣も閉じやすくなってしまいます。リラックスして息を吐きながらゆっくり挿入してみましょう。

それでも痛みを感じたり、なかなか入っていかない場合は、カップを水で濡らすか、デリケートゾーン用の潤滑剤を塗ると、すべりがよくなり挿入しやすくなります。

潤滑剤を使用する場合はウォーターベースのものを使用してください。ココナッツオイルやホホバオイルなどのオイルベースの潤滑剤は、月経カップの素材であるシリコーンを劣化させ、製品の寿命を縮める可能性があります。

Q 月経カップが下りてきてしまいます

A 骨盤底筋が弱っている可能性があります

カップを正しい位置に装着しているのに、しばらくするとカップが下がってきてしまう場合は、子宮口の位置が低いか、出産や加齢などによって骨盤底筋がダメージを受け、弾力性が低下している可能性があります。

まずは自分の子宮口の位置をチェックしてみましょう。人差し指か中指を腟に入れてみて、指の第一関節くらいを挿入するだけで子宮口（鼻の先のような感触）に触れる場合には、子宮口の位置が低い（腟が短い）といえます。縦の長さが短めのカップを選ぶと、フィットしやすいです。

一方で骨盤底筋が弱っている場合には、月経カップの径が大きめのものを使用するとフイットしやすいです。さらに、骨盤底筋を鍛えるトレーニングをすることで弾力が戻り、カップのフィット感がアップします。カップをより快適に使えるようになるだけでなく、頻尿や尿漏れの予防にもつながります。

✣骨盤底筋とは

骨盤の底にあって、ちょうどハンモック状の形をしている筋肉のことです。子宮や膀胱、直腸などの臓器を支える役目があります。また、骨盤底筋は排泄のコントロールも担っています。この筋肉を緩めることで排尿・排便が行われます。

女性の骨盤底筋は、出産の際に強い負荷がかかりますが、妊娠中の赤ちゃんの重さもまた骨盤底筋にダメージを与える可能性があります。そのため、経腟分娩と帝王切開どちらを経験された場合でも、産後に尿漏れを引き起こす確率が高くなります。

閉経を迎えて女性ホルモンの分泌が減ると筋肉量が低下していくので、骨盤底筋も弱くなりやすいです。

月経カップの心地よいフィット感は、みなさんの骨盤底筋の状態によって変わります。

Column

骨盤底筋を鍛えよう！

腹筋や胸筋などと同じように、骨盤底筋も筋肉ですから鍛えることができます。軽い尿漏れであれば、骨盤底筋を鍛える簡単なトレーニングをすることで多くの方に効果があるといわれています。

骨盤底筋の衰えは誰にとってもうれしいことではありませんが、逆にカップを使ったことによって自分の身体の状態を知るいい機会になったと前向きにとらえて、骨盤底筋を鍛えるトレーニングを始めてみてはいかがでしょうか。

①背中と腰をまっすぐ伸ばし骨盤を立て、左右の坐骨を感じながら椅子に座ります。
②①の姿勢で腟と肛門をグーッと引き込みます。それを3秒キープします。
③その後、ゆっくり緩めます。これを2～3セット繰り返します。1日3～5回、気がついたときに行ってみてください。

*②の圧をかけた後、③の緩めたときに骨盤底筋が座面にフワーッとつくような感覚がポイントです。

Q　月経カップは入れる前に毎回消毒しなくて大丈夫なの？

A　膣には自浄作用があるため、その必要はありません

膣には多くの常在菌が存在していて、そのうちの乳酸菌の一種の善玉菌が膣内を弱酸性に保つことで、外からの雑菌の侵入や増殖を防いでくれています。これを膣の「自浄作用」といいます。

膣は常に体の外と接していますし、肛門にも近く、雑菌が侵入しやすい場所ですが、天然のバリアに守られているのです。

そのため、カップを初めて使用するときは、44ページで紹介したように煮沸消毒が必要ですが、生理期間中の日々のお手入れは、低刺激性の石けんで水洗いするだけで十分です。

ただし、月経カップの色移りを防ぎ長持ちさせるためにも、生理期間が終わったら煮沸消毒を行いましょう。

Chapter 3

私たちのウェルビーイングな「月経カップライフ」

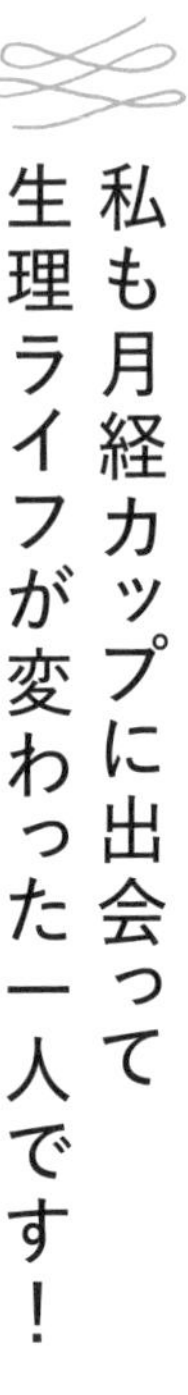

私も月経カップに出会って生理ライフが変わった一人です！

この章では、月経カップのユーザーの声をお届けします。10代から40代まで、デスクワークの方、立ち仕事の方、アスリート、子育て中のママなど、さまざまな方からお話を伺っています。

実は著者である私自身も月経カップに出会って人生が変わった一人。私の失敗まじり（？）の体験談もご紹介します。

月経カップとの意外な出会い

本書の著者である私・神林も、もちろん月経カップのユーザーです。月経カップとの出会いは5年前にさかのぼります。

私は、国内大手航空会社で8年間、国際線キャビンアテンダントとして働いていました。その後、カナダに留学し、帰国後は、ドライマウス（口腔乾燥）の患者さん向けの口腔ケア商品の輸入販売の仕事に約10年間携わりました。

介護やがん治療の現場で、商品を使って口腔ケアをした方の症状がよくなるだけでなく、気持ちが前向きになり笑顔を取り戻し、それが患者さんの家族にも希望を与えるということを経験しました。患者さんやご家族からの喜びの声が何よりもうれしく、大きな達成感とともにやりがいを感じ、「生涯、人の健康を支えることで笑顔が増える、このような仕事をいつまでも続けていきたい」と強く思うようになりました。

そんなとき、当時デートし始めたばかりだった現在の夫から突然、月経カップと吸収型サニタリーショーツを紹介され「これ、知っていますか？」と聞かれました。

それまで月経カップについて聞いたことも見たこともなかった私は「え!? 何これ？」という状態でした。実は、夫の友人の奥様が月経カップと吸収型サニタリーショーツを製造販売しているCEOだったのです。

挿入は簡単、でも取り出しにはひと騒動

すぐにネットで海外の情報を調べてみたところ、「快適！」「人生が変わった！」などの喜びの声があふれていました。わくわくと不安が入り混じりながら、興味津々で早速試してみました。

ずっとタンポンを使っていたこともあり、入れるのは思ったより簡単でした。まずおどろいたことは、違和感がまったくないこと。しかも、ナプキンやタンポンのように何度も

トイレに行かなくてもいい。生理中であることをすっかり忘れてしまうほど快適で、「こんなに素晴らしいものがあったなんて！」と大きな衝撃を受けました。

そこまではよかったのですが、取り出すときがひと騒動（笑）。そこにあるはずのカップがいつの間にか奥の方に入ってしまっていて、指が届かない……。

焦りながらネットで調べてみると「排便のときのようにいきむと下りてくる」と書いてあったので、お風呂場にこもり、何度かいきんでみました。すると、確かにカップが下りてきてステムの先にチョンと指が触れるようになりました。でも、それを指でつかもうとすると、ヒュッとまた上に戻ってしまうのです……。

これを繰り返しているうちにだんだん心細くなってきて、アメリカにいるCEOに直接連絡して泣きついてしまいました。そしたら「落ち着いて。最初はそういう人もいるから！」と励まされて、手取り足取りいろいろアドバイスをしてくれました。

それで気持ちが落ち着いたのか、再度チャレンジしてみたら、今度はカップの底をつかむことができて、ついに取り出せたのです。取れたときはグッタリでしたが（笑）。

その後は繰り返し使っていくうちに少しずつコツをつかみ、生理の3サイクル目にはナプキンとタンポンにさよならしました。

月経カップはコンタクトレンズと似ているといわれます。一度慣れてしまえば手放せなくなるものですが、人によっては慣れるまで少し時間が必要なんですよね。

でも自分にはこの体験があるから、初めて使うときの不安や心配に寄り添ったアドバイスができるように思います。

生理の面倒さやストレスを我慢していたことに気づいた

私は経血量が多い方なので、月経カップを使う前は、タンポンとナプキンを必ず併用していて、それでもなかなかトイレに行けないときや量の多い日の夜は、漏れないかいつも不安でそわそわしていました。また、突然生理が始まり、あわててドラッグストアに駆け込んだり、生理の日の洋服選びでは薄い色のボトムは避けたり……。

カップを使ってからは、これらすべてのストレスから解放されました。生理中でもいつもと同じように仕事やスポーツに集中できるようになるなんて、思ってもみなかったことでした。そして、私自身が生理の面倒さやストレスを当たり前のこととして捉えて、長年我慢してきたことに気がつきました。

きっとこれはほとんどの女性が同じはず。憂鬱になりがちな生理期間がこんなに快適で、気持ちまで楽になる、月経カップをもっとたくさんの人に知って欲しい、その思いで事業を立ち上げ、今日に至ります。

月経カップにトライされた方から日々感動の声が寄せられ、みなさんの笑顔を想像することが私にとって何よりの喜びとなっています。

では、月経カップのユーザーの声を紹介しましょう。

＊月経カップ（または、吸収型サニタリーショーツ）を使用した感想は、あくまでも個人の意見となります。各ユーザーの年代、年齢は取材時のものです。

梅 つま子さん

走ったり寝転んだりしても大丈夫！子育て中のママにおすすめです

Profile

Age
40代

Children
子ども２人

Occupation
フリーライター

「経血を液体のまま処理する」のが一番、楽！

妊娠・出産をきっかけに、自分の身体に関心が向き、布ナプキンを使い始めました。

紙ナプキンのようにかぶれることがなくなり、それなりに満足していたのですが、今思えばやはり面倒な部分もありました。布ナプキンは紙ナプキンのようにテープがついていないのでずれて漏れてしまったり、量の多い日は手洗いすると洗面台が血の海のようになってげんなりしたり……。また、外出するときは使用済みのものを持ち帰らなければいけないし、旅行先で洗ったり干したりするのも大変なので、生理中のお出かけが億劫になってしまいました。

月経カップを知ったのは3年前、2人目を出産して1年後くらいです。

実際に使っている人のブログをいくつか読んで、興味を持って買ってみました。最初はうまく取り出せる自信がなかったので、ステムがリングタイプのカップを選びました。

初めての月経カップは人並みに苦労しましたよ（笑）。最初は「うそー、これが入るの？」と思いました。

使い始めると、装着は3サイクルほどで慣れ、これは快適だと思いました。経血を何かにしみこませるのではなく、「液体のままに処理をする」ことが一番楽なんだと、このとき確信しました。

ただ、最初のカップはやわらかすぎて膣の中でカップがうまく開きにくく、漏れてしまうことが何度かありました。その後、程よく弾力のある月経カップを使ってみたところ、膣の中でのカップの「開きやすさ」が全然違うことにおどろきました。ひとことに月経カップといっても、ブランドごとにそれぞれ特徴があるので、1個目のカップで諦めなくてよかったです。自分に合う月経カップを選ぶことの大切さを実感しました。

「自分の身体が自分のものなんだ」と実感できる

今、私は子育ての真っ最中で、子どもたちと一緒に走ったり、寝転んだり、自転車をこいだりと、日々動き回っているのですが、月経カップにしてからは本当に快適です。どんなに動いても漏れたり蒸れたりしません。お風呂も子どもと毎日一緒に入りますが、お風呂上がりに経血が垂れてくることを気にしたり、タオルに血がついたりすることもありません。もちろん温泉やプールもいつでも気にせず入れます。

カップを使う前は、生理周期や生理ケアを前提に予定を組み立てていました。何時に取り換えようとか、今日は走り回ることができないからどうするとか……。それらをすべて気にせず、自由に過ごせるようになったことはとても大きいです。

私にとって月経カップのメリットはもうひとつあります。

それは自分の身体と向き合うことができることです。妊娠して出産し、子どもの世話をして授乳をして……という中で、なんだか自分の身体が自分のものであって、自分のものでないような気がしていました。

でも月経カップを使うと「こうするとスムーズに入るんだな」「今日の経血はこういう

色なんだな」などといったように、自分の身体の情報を知ることができます。

ちょっと大げさかもしれないけれど、月経カップを使っていると、「自分の身体が自分のものなんだ」と実感できるんです。私にとってはそれもすごく大きな発見でした。

子育て中のママにぜひ使ってほしい！

初めて使う方へのアドバイスとして、「イメージトレーニング」をおすすめします。具体的には、利き手ではない方の手の指で輪を作って膣に見立て、そこに向かってカップを出し入れしてみるのです。何回かやってみるとカップが膣の中で開いていく様子を感じることができたり、膣口に引っかからないように取り出しするコツがわかったりして、事前にスムーズな挿入や取り出しのポイントが理解できると思います。

月経カップとの出会いは、私にとって本当に革命的なことでした。産後から子育て期のあわただしい時期が本当に楽になりました。

また、月経カップを2年、3年と使い続けるうちに自然と骨盤底筋が鍛えられたのか、産後の悩みであった尿漏れ問題も解決しました。この結果は思ってもみない「副産物」でした。忙しい毎日を送っている子育て中のママたちにぜひ試してほしいと思います。

藤田亜紀子さん

生理の悩みがすべて解消されました!

Profile

Age
40代

Children
子ども3人

Occupation
ピラティスインストラクター、バレエ講師

最初は吸収型サニタリーショーツから

子どもが生まれたあと、肌ざわりの心地よさから10年くらい前から布ナプキンを使い始めました。それからずっと、布ナプキンを愛用していたのですが、いつもバレエやピラティスのレッスンのときに、横モレや後ろモレが気になり、生理中はなるべく黒い服や厚手のスパッツを重ね履きしたり、漏れてしまったときは巻きスカートで隠したりと、常に気をつかっていました。

2年ほど前、ヨガ友達から「布ナプキン付きショーツみたいなのがあるらしい!」という情報を耳にし、いろいろと調べみたところ、吸収型サニタリーショーツを見つけて、そのとき同時に月経カップの存在も知りました。後日ヨガイベントに参加した際、念願の吸収型サニタリーショーツ、そして月経カップの実物を手に取りました。

生理不順があり、生理がくるタイミングが読めない私には、カップよりもショーツの方が、相性がよさそうだと感じました。まずはショーツからトライしてみたところ、想像以上の履き心地のよさと快適さにおどろきました。

とはいえ、実はずっと頭の片隅には月経カップのことがあり、気にはなっていたんです。ワークショップに参加して使い方を詳しく教えてもらい、実際に使っている人からも話を聞くことができて、不安や疑問が解消。

私は使い方に慣れるまで、3カ月ほどかかりました。意外に苦戦したのが、挿入時のカップの持ち方です。私の指の力が弱いのか、折りたたんだカップの形をキープしながら挿入する、というのがなかなか難しくて……。初めて使う方は、事前にカップを折りたたんで指先で保持する練習をしておくといいと思います。

取り出しではカップが奥のほうに入ってしまい、ステムに指が届かなくて、最初は焦りました。でも骨盤底筋を緩めると下りてくることがわかると、落ち着いて対処できるようになりました。自分の意識で骨盤底筋をコントロールしながら、体の奥にあるカップが少しずつ下りてきて、自分の手元に戻ってきた感覚が不思議で、なんだかとても感動したのを覚えています。

月経カップで「骨盤底筋」の状態がわかる！

私は子どもが3人いるのですが、出産時の会陰切開や裂傷などのダメージとともに、産後は骨盤底筋の弾力が大きく失われてしまいました。そのことに気がついたのは、子どもたちとプールに行ったときです。生理中だったのでタンポンをしていたのですが、いつの間にか膣の中からタンポンが下がってきて、なくなってしまっていることにまったく気づかなかったんです！

それを機に自分の身体と向き合い、骨盤底筋について深く学びました。トレーニングを続けた結果、私の骨盤底筋は改善し、現在は3回の出産経験と専門知識を活かし、ママたちをサポートしています。

ときどき、周りで月経カップを使い始めた人から、「カップが落ちてくる」という相談を受けることがあります。この場合、骨盤底筋の弾力が失われていることによってカップのフィット感が落ちている可能性が大きく、放っておくと、尿漏れや頻尿にもなりやすいです。

自分の骨盤底筋の状態を知るという意味でも、月経カップデビューはとてもいい機会になると思います。

デリケートゾーンの乾燥やかゆみがなくなった

月経カップはコツさえつかめば本当に快適で、ムレやニオイもなく、生理であることを忘れてしまうほどです。レッスン中に開脚してもまったく気になりません。

ナプキンやタンポンは、取り換えるときにデリケートゾーンについた経血をふき取りますよね。それが肌へダメージを与えていると感じていたんです。カップはティッシュで軽く押さえるくらいで済むので、デリケートゾーンの乾燥やかゆみがなくなりました。

最初は「こんな異物を体内に？」「無理かも……」と不安でしたが、思い切って使ってみて正解でした。生理の面倒なことすべてが解消されました。

一歩踏み出すには少々勇気がいるかもしれませんが、不安を乗り越えた先にはおどろくような、すばらしい世界が待っているので、ぜひ一度はトライしてみてください。

後 未央さん

モレを気にしなくていいことがどんなに快適か、初めて知りました

Profile

Age
38歳

Children
なし

Occupation
助産師

ステムをカットすることで使いやすくなった

月経カップの存在は、2010年ごろから知っていました。大学の卒業研究で布ナプキンの研究をしたことがきっかけでした。

その後、2019年の春頃、先輩の助産師さんの助産院で、初めて月経カップの実物を触りました。思っていたより大きくてびっくりしましたが、しっかりとした質のよさを感じました。そのときちょうど大学院で月経の研究をしていたこともあり、ぜひ使ってみようと思い、すぐにネットで注文しました。

最初に苦労したのは、正しい装着位置がなかなかわからなかったこと。装着位置が手前すぎるとステムが腟口あたりに当たって違和感があるし、奥に入れすぎるとカップがうまく開かなかったり……。しっくりくるカップの位置を探すまでは試行錯誤でした。

最終的に、私の場合は、ステムを短く切ることで、違和感のないところにカップを装着することができるようになり、3サイクル目くらいで快適に使えるようになりました。

外出先のトイレでリセットするのは不安になる人も多いと思います。できることならカップを洗えるといいのですが、公共トイレの個室には洗面台がないから難しいですよね。ただ、カップの場合は、日中にリセットするのは1回か2回だけです。自分のスケジュールとうまくタイミングを合わせることで、それほど不便には感じていません。

生理にあらたな発見も

月経カップを使い始めてからは、漏れないか不安を感じる場面がほぼなくなりました。モレを気にしなくていいことが、これほど快適なことだとは想像していなかったので、びっくりしています。

また、以前は生理の後半にダラダラと出血が続いて、約1週間ナプキンを使っていましたが、最近は4~5日くらいカップを使うだけで、生理が終わることが多いです。後半にダラダラと続いていたのは、子宮からではなく膣に残った経血が出ていただけだったのかも……ということを体験として知ったのは、あらたな発見でした。

Yuka さん

月経カップは夏の大事なお助けアイテムです！

Profile
Age
29歳
Children
なし
Occupation
会社員（工場勤務）

海に行く日が生理と重なって大ピンチ！

私は海が大好きで、毎年夏になると必ず海水浴に行きます。昨年も彼氏と海に行く計画を立てていたのですが、ちょうどその日が生理と重なりそうで困ったなと思っていました。タンポンは抵抗があったので使ったことがなく、タンポン以外になにかいいものがないかなとネットで調べていたところ、月経カップを見つけました。

しかし、どうしても挿入することに抵抗があり、試す決心がつかなかったので、勇気を出してカスタマーサポートに電話をすると、実際に使用しているスタッフの方がご自身の体験談も含めて、親切にアドバイスしてくれたんです。それで安心して月経カップを使ってみようと思いました。スタッフのアドバイス通り、最初はお風呂場で挿入してみたら、1回目からスムーズに入れることができました。そのときの心境は「おもしろーい！」という感じ（笑）。痛みや不快感はまったくなかったです。おかげで海水浴当日も難なく使えて、1日を楽しく過ごすことができました。

私は食品を扱う仕事をしているので、手に経血がつくのはなるべく避けたいという気持ちから、普段はナプキンを使っています。月経カップは海やプールに行くときなど、ここ一番の「お助けアイテム」として上手に活用していきたいと思っています。生理中でも気にせず水着で過ごせる月経カップは、とても心強い存在です。

月経カップを使うことで自分の身体と向き合うことができる

月経カップは交換する回数が減って、つけているときの快適さだけでなく、経血の量や色が「目で」見えることが大きなメリットだと思っています。

生理のときって貧血になったり、生理痛があったり、イライラしたりと体調が不安定になりがちですよね。これは私だけかもしれませんが、そんなときもカップに溜まった経血量を見ることで、「そうか、これだけの経血が出ているなら、身体がしんどくなるのも仕方ない」と自分の状態に納得することができるんです。今までナプキンでは気づけない大きな発見でした。

生理と向き合って、自分の経血の量や色を知っておくことは、婦人科系の病気の早期発見にもつながるのでとても大事なことですよね。私よりも若い人たちにも、もっと月経カップが広がってほしいと思っています。

エリコさん

フォトグラファーという仕事柄、月経カップはとても心強い存在です

Profile
Age
39歳
Children
なし
Occupation
フォトグラファー

撮影中の生理に苦労していました

フォトグラファーという仕事柄、いったん撮影が始まると、長時間立ちっぱなしでいることがほとんどで、機材を持っての移動や撮影場所の設営ではかなり激しく動き回ります。特に、イベントや野外撮影のときは2〜3時間ノンストップなので、ナプキンを交換する時間が取れず苦労していました。漏れて下着を汚してしまったこともありました。

以前は、生理用ショーツ&夜用ナプキンで対応していましたが、お尻がモコモコして重たくて、暑い季節は特に不快。蒸れて肌がかぶれてしまい、生理の後半になると自転車にも乗れないくらいヒリヒリして、しょっちゅう皮膚科に通っていました。

月経カップのことは4年ほど前から、アメリカの通販サイトなどで見て知っていました。色がポップでおもちゃみたいで、当時は自分には無縁の存在かなと思っていましたが、その後、知り合いから月経カップをすすめられたので使ってみることにしました。

朝起きて真っ白のシーツを見たとき、思わず写真を撮りたくなるほど感動！

最初は、挿入の途中で開いてしまって少し苦戦しましたが、2、3日でコツをつかみ、それからはもうずっと月経カップを愛用しています。

吸収型サニタリーショーツは肌触りがよくて、肌の弱い私でも快適に過ごせるようになりました。経血量が多い日の夜に、初めて月経カップ（吸収型サニタリーショーツを併用）をつけて寝た次の朝、真っ白のシーツを見た瞬間は、思わず写真を撮りたくなるほど感動したのを覚えています（笑）。

月経カップを使い始めたことで生理用品を交換する回数が激減し、イベントや屋外撮影でも余計な心配をすることなく、最高の一瞬をカメラに収めることに集中できるようになりました。

今までは生理のときは下着や洋服選びにも制限がありましたが、カップのおかげでいつもと同じようにファッションを楽しめます。大好きな銭湯にも気がねなく通えます。

そして何よりうれしいことは、経血が皮膚に触れないことで、長年の悩みだった肌トラブルから解放されたこと。紙ナプキンが肌に合わず、かゆみやヒリヒリするかぶれに悩んでいる方は多いと思います。そんな方はぜひ月経カップを試してみてほしいと思います。

最初は不安に感じるかもしれませんが、お風呂で温まりながら、リラックス＆深呼吸しながらトライしてみてください。

私は37歳でカップのことを知りましたが、初潮から数えると25年以上も生理で苦しんでいたなんて、今ではこの時間がもったいなかったと感じています。

森角玲美さん

スポーツをしている人に特におすすめしたいです

同じ競技の先輩に教えてもらい、月経カップにトライ

私は中学生のときにフィンスイミングという競技と出会い、ジュニアの日本代表として活躍してきました。大学生になった現在は、シニアクラスでの日本代表入りを目指し、日々トレーニングに励んでいます。

月経カップを知ったのは、2年程前、まだ高校生だったころ、同じくフィンスイミングをしている先輩に教えてもらいました。

月経カップを使うことに対しては特に不安や恐怖心はなく、生理中のパフォーマンスが上がるならぜひ使ってみたいと思いました。お母さんに相談したらすぐに賛成してくれて、実はそのあとお母さんもカップユーザーになりました（笑）。

最初はお風呂場で試してみました。1回目はうまく入りませんでしたが、何回か練習をくり返すと、スムーズに装着できるようになりました。

もともと生理痛がひどく、つらいときは練習を休んでしまうこともあったのですが、私の場合は、月経カップを使うことで生理痛が気にならなくなりました。さらに、生理期間も短くなって、本当に楽になりました。

ナプキンだと体を動かすとずれて経血が漏れたり、汗をかいて蒸れて、肌にペタペタくっついたりするのがとても不快ですよね。衛生的にも不安な部分がありました。月経カップがあれば漏れることも蒸れることもほとんどないので、体育の授業中も、トレーニング中も、何も気にせずに思い切り動けるようになりました！

現在はピルを服用して生理周期をコントロールしています。生理の回数や、1回の経血量はかなり少なくなったのですが、それでも生理があるときは月経カップを使っています（吸収型サニタリーショーツを併用）。もうナプキンには戻れません。

月経カップは、スポーツをする方にはよいことばかり。特におすすめしたいです！

Y.T さん

生理であることを忘れて快適に過ごすことができます

Profile

Age
30代

Children
なし

Occupation
デザイナー

折りたたみ方を変えたらスムーズに使えるように

月経カップのことは3、4年前、海外のサイトで知りました。試してみたいなとは思ったのですが、価格が安くはないことや、長年使用してきたナプキンに慣れていたので、すぐに試そうとは思いませんでした。

その後、たまたま月経カップに関わる仕事の依頼を受け、サンプルをいただきました。しかしそれでも使う決心がつかず、「来月こそは……」と思いながら数カ月間放置してしまいました。

ようやく決心がつき、月経カップを初めて使ったのは1年ほど前です。最初は、折りたたみ方をCフォールドにしていたのですが、折口の面積が広くて、入れづらかったんです。そこで、セブンフォールドを試したところ、細くなった先端が挿入しやすく、この方法にしてからは楽に使えるようになりました。

月経カップは、入れるときだけではなく、取り出すときにもカップを折りたたみながら出すのがポイントなんです。このあたりのコツをつかむまで多少慣れが必要でしたが、2、3カ月後くらいにはスムーズに使えるようになりました。

今までの生理の悩みがすっかり解消

月経カップを使うと、ふとした瞬間に経血がドロッと外に流れ出てくる感覚がなくなるので、どんなときも不快感がなく、生理であるということを忘れて行動できます。

仕事でたくさんの荷物を持ち運ぶことが多いのですが、生理になるかならないかが微妙なときでも、化粧ポーチにカップをひとつ入れておくだけでOKなのは本当に助かっています。出張や旅行でも荷物がかさばらないのもうれしいです。

生理期間中は、私は外出先でカップをリセットするときも水洗いしたいので、折りたたみ式のドリンクボトルを携帯して、お手洗いでさっと水を入れて個室に持ち込んでいます。コロナ禍でナプキンが品薄になる現象が起こりましたが、そのようなときでもカップがあったので不安になることはまったくありませんでした。

月経カップを使ってからは、今までの生理の悩みがすっかり解消されて、本当に快適に過ごせています。

山階早姫さん

月経カップを使ったことで時間と心に余裕が生まれました!

Profile

Age
32歳

Children
なし

Occupation
高等学校教員・
フィンスイミング日本代表

仕事でも、トレーニングでも生理の悩みが……

高校の社会科の教員（非常勤講師）をしながらフィンスイミングの日本代表選手として競技を続けています。生理については、仕事中とトレーニング中もそれぞれの状況でさまざまな苦労がありました。

まず仕事中は、授業と授業の間の休憩時間が短いため、ナプキンを取り換える時間がありません。多い日は夜用のナプキンとタンポンを併用して対策していても、常に漏れが心配でした。

フィンスイミングのトレーニングのときは、水中でタンポンが水を吸って膣内で膨張してしまい、経血が吸収されなくなることがあるんです。特に、長時間の水中トレーニングのあとは、水から上がると走ってロッカーへ向かうのですが、間に合わずプールサイドが血の海!! という失敗もありました。

また、陸上トレーニングではナプキンがずれて漏れたり、男性トレーナーの方にマッサージをしてもらうときにナプキンのカサカサ音が気になったり、今思うと本当にさまざまなストレスがあり、トレーニングに100%集中できていなかったと思います。

月経カップを知ったのは2年半ほど前。すでに使い始めていた水泳仲間にすすめられました。月経カップを初めて見たときの印象は「思っていたより大きい!」だけど、「思っていたよりかわいい!」でした。

最初の生理では、お風呂場で練習を重ねているうちに、少しずつコツがわかってきました。翌月からはほぼ問題なく使用することができました。私は、座って体を斜め後ろにそらす姿勢が一番挿入しやすいです。挿入後、ステムの根本をつまんで前後に動かすとポコッと音がして開いたことがわかります。

最近は、その日の経血量やリセットできる時間に合わせて、カップを使い分けています。

月経カップでパフォーマンスが上がった

月経カップを使い始めてからは、どんなときもモレを心配することがなくなりました。仕事やトレーニングに集中できるようになり、多い日でも安心してぐっすり眠れるので、パフォーマンスも向上したと感じています。

それからおどろいたことに、今まで7日間あったのが5〜6日間で終わるようになり、時間と心に余裕が生まれました。

私はどんなことにおいても「選択肢や知識が増える」ことは人生を豊かにすると思っています。月経カップは、最初はちょっとドキドキしますが、このチャレンジは決して無駄にはなりません。まずは一歩踏み出してみてください。

正直、もっと早くカップに出会いたかったです！　アスリート仲間にもおすすめしているので私の周りでは少しずつユーザーが増えていて、みんなに喜んでもらえることがうれしいです。

新井 弓さん

デリケートゾーンの脱毛と月経カップは相性がバツグンです！

Profile

Age
48歳

Children
なし

Occupation
ワックス脱毛サロン
Wax TOMBOY 経営
（ワックストンボイ）

複数のお客様からすすめられた月経カップ

ワックス脱毛のサロンを経営しています。月経カップのことは何人かのお客様から聞いて知りました。最初は膣に入れられる気がせず躊躇していたのですが、みなさんが「とにかく快適だからおすすめですよ」「タンポンのようなひもが出ないからとても清潔なんです」と口々におっしゃるので、そこまですすめるのならと、思い切って使ってみることにしました。

インターネットでいろいろ調べて口コミなども読み、一番よさそうだと思った月経カップを購入しました。

最初は、カップが膣の中で完全に開かずに漏れてしまうこともありました。でも、3サイクル目の生理ぐらいからは、入れやすい折りたたみ方や体勢などがわかってきて、完全に開くようになりました。

私の場合ですが、慣れるまでは、片足を便座に乗せる体制にすると入れやすかったです。YouTubeで検索すると、カップの使い方を紹介している動画がたくさんあるので、自分なりのベストな方法を見つけるために参考にされるとよいかと思います。

タンポンは素材が繊維のためか、装着位置が悪くて入れ直そうとすると痛いことがありますが、月経カップは表面がツルツルしているので「位置が違うかな」とか「ちゃんと開いてなかったかな」というときも、痛みなく簡単に入れ直すことができるのも助かります。

月経カップのメリットは計り知れない

月経カップにしてよかったことは本当にたくさんあります。

まず、生理なのにデリケートゾーンがいつもサラサラなこと。ニオイも気にならず、肌がかぶれることもありません。また、ナプキンやタンポンのように頻繁に取り換えなくてもよいので、仕事に集中できるようになりました。以前は仕事が忙しいとき、長時間取り換えられずに困っていましたから。

それから、急に生理がきても「生理用品の買い置きがない！　どうしよう！」ということがないから安心ですし、繰り返し使えるので経済的でエコです。災害時などトイレットペーパーや生理用品が手に入らないことがあっても、月経カップさえあればその心配もありません。

月経カップ&ＶＩＯゾーンの脱毛で生理がより快適に！

ＶＩＯゾーンを脱毛することで、デリケートゾーンのかゆみやムレを防ぐことができ、生理が快適になります。月経カップを使う際にも、毛が巻き込まれるようなことなくスムーズに装着できるし、リセットする際にも、デリケートゾーン用のウエットティッシュなどで軽くふき取るだけで、簡単に清潔さを保つことができます。月経カップ&ＶＩＯゾーンの脱毛の組み合わせは、とても相性がいいんです。

当然ながら、みなさん施術中は下着を脱いだ状態になりますので、身も心もオープンになれるようで、プライベートな話題で盛り上がったり、生理の悩みを共有したりすることも多いんです。

サロンには月経カップのサンプルを置いていて、お客様は実物を見て触ることができます。ここで興味を持たれて、実際に使い始める方もたくさんいらっしゃいます。みなさんの生理がより快適になるお手伝いができることも、月経カップを使ってよかったと感じることのひとつです。

NAMIさん

女性を自由にしてくれて、地球環境にもやさしい月経カップ

Profile

Age
37歳

Children
なし

Occupation
Patagonia
リテールストア勤務

生理はスキューバダイビングインストラクター時代の大きな悩み

アパレル会社で6年間勤務した後、オーストラリアに渡り、スキューバダイビングのイ

ンストラクターの資格を取得。現在は帰国し、海沿いの街に定住してサーフィンを楽しみながらシンプルライフを実践しています。地域コミュニティでヨガの指導や月経カップの普及にも努めています。

生理については、スキューバダイビングのインストラクターをしているときの大きな悩みでした。船の上に8時間以上いることもあって、船にトイレがないときにはタンポンを取り換えることができませんでした。

月経カップを使い始めたのは2015年、モルディブでインストラクターをしていたときです。カップの挿入と取り出しに練習が必要だと聞いていたのですが、私はそこまで苦労せず、正しい装着位置さえわかれば漏れることもなくなりました。

月経カップはタンポンよりも容量があり長時間使用できるので、船の上で一度も生理用品の交換が必要なくなったのは大きなメリットでした。

あきらめること、我慢することが一切なくなった！

月経カップを使い始めて一番よかったことは、「生理だから」とやりたいことを我慢することがなくなり、自由になれたことだと思います。最近はサーフィンにはまっていて、できれば毎日海に入りたいですし、温泉にも行きたいと思ったときに行きたい。月経カップがあれば、「今日は生理だからできない」ということがなくなりました。

生理中、多くの女性にはホルモンバランスの影響でさまざまな不調が現れますが、普段の生活習慣や生理用品を変えるだけで、改善できるところがあると思うんです。

これ以上プラスチックごみを出したくない

スキューバダイビングのインストラクターをしていたときに、常に海洋のごみ問題に直面していました。インドネシアではナプキンやタンポンがビーチに落ちていることなんて日常茶飯事ですし、モルディブのきれいな海でも釣り糸にからまって死んでいる亀や、プラスチックの袋を食べようとしている魚を見てきました。だから自分がごみを出すことが嫌で、できるだけプラスチックフリーな生活を心がけています。そのひとつが、月経カップです。

月経カップを使うことをきっかけに、化学繊維で作られたタンポンやナプキンが自分の身体に与える影響などについても調べ始め、もっと自分の身体にやさしいことをしようと考えるようにもなりました。自分にやさしくすることって、結局地球にもやさしいことだと思うんです。月経カップは環境にやさしく、さらに身体にもお財布にもやさしい。私は月経カップを日本のすべての女性に広めたいと思っています。

Epilogue

誰もが自分らしく活躍できる社会を

私たちは、２０１８年5月に医療用シリコーン製の月経カップ（同時に、吸収型サニタリーショーツ）の販売を開始しました。今年で4年目を迎え、すでに5万人を超える方が新しい生理ケアを体験されています。

私たちのミッションは、「女性の健康課題を解決する商品やサービスを提供し、誰もが自分らしく活躍できる社会を作る」ことです。

その最初のステップとして、多くの女性に共通する「生理の課題」と向き合っています。新しい選択肢を増やすことでより自分に合った生理ケアを選ぶことができ、生理期間を快適に過ごすことが可能になります。もちろん、個人差はありますが、この期間が快適になれば、女性はさらに活躍できるのではないでしょうか。

このビジネスを始める前は、ナプキンユーザーが8割という日本で、月経カップが受け入れられるのかという不安がありました。

ところが、実際に販売を始めてみると、予想外の大きな反響がありました。子育て中のママたちからは「いつでも子どもと一緒にお風呂に入れる！」「トイレに何回も行かなくていいのが楽！」と、見えていなかった「当たり前」が変わったとの声が上がりました。

そして、スポーツをする女性にもその輪は広がりました。最初に使ってくれたのは、水泳選手です。高校生のフィンスイミング日本代表選手が月経カップを使い始めてくれたのですが、今では彼女のお母さんもカップユーザーになったそうです。

目が見えない競泳選手のT・Iさんは、カップに溜まった経血を指で触れることで、初めて自分の経血量を知ったと教えてくれました。以前はお店でナプキンを買うのが一苦労だったそうですが、今ではその必要もなくなりました。

このたび、Iさんは東京パラリンピック出場という夢を叶え、出場した3種目すべてでみごと入賞を果たしました。

ママからアスリートまで幅広く、自ら生理の課題に向き合い、その体験をシェアするという変化の波が起きていることが、とてもうれしいです。

新型コロナウイルス感染症の影響で、世界が大きく変動しています。いろいろな意味で困難な時期にもかかわらず、多くの方がより輝くために、能動的に行動を起こしています。

これまで私たちは、女性ならではの生殖機能によって、自由な活動を制限されていました。そのひとつが「生理」の存在です。

しかし、今まで大きな進化がなかった生理ケアに、ようやく新しい選択肢が生まれました。月経カップだけではなく、ピルやＩＵＳ（子宮内避妊システム）なども含めて、自分に合った方法を選べる時代になったのです。

もちろん、女性の課題はまだまだ続きます。40代後半ごろ、面倒だった「生理」から解放される「閉経」の前後には、「更年期」が訪れます。女性ホルモンが急激に減ることで、身体にさまざまな不調が出てくる方もいます。

人生１００年時代、更年期はまだ人生の半分です。私たちは、女性がいつまでもハッピーに過ごせることを願っています。

自分の人生を能動的に生きるために、一人ひとりが健康課題と向き合い、行動する――。誰もが自分らしく活躍できる社会を、ぜひ一緒につくっていきましょう！

【参考文献】

『医者が教える女体大全 オトナ女子の不調に効く！ 自分のカラダの「取扱説明書」』

宋 美玄 著／ダイヤモンド社

『生理用品の社会史』田中ひかる 著／ KADOKAWA

日本産科婦人科学会　http://www.jsog.or.jp

Museum of Menstruation（MUM） http://mum.org/

♡ Special thanks to ♡
Ume Tsumako, Ayano Kinoshita, Nana Okada

私たちの月経カップ

2021年12月28日　初版第1刷

著　者――神林美帆
発行者――松島一樹
発行所――現代書林
〒162-0053　東京都新宿区原町3-61 桂ビル
TEL／代表　03（3205）8384
振替00140-7-42905
http://www.gendaishorin.co.jp/
ブックデザイン・DTP――齋藤州一（sososo graphics）
イラスト――にしだきょうこ（ベルソグラフィック）
編集協力――高橋扶美・堺ひろみ

印刷・製本：（株）シナノパブリッシングプレス
乱丁・落丁本はお取り替えいたします。
定価はカバーに表示してあります。

ISBN978-4-7745-1930-2 C0077